EL ÚLTIMO PERIODISTA

La inteligencia artificial toma el relevo

Antoni Vidal Carretero

El último periodista. La inteligencia artificial toma el relevo

Primera edición, 2024

© 2024 Antoni Vidal Carretero

© 2024 MARCOMBO, S.L.
www.marcombo.com

Ilustrador de cubierta: Jotaká
Correctora: Anna Alberola
Directora de producción: M.ª Rosa Castillo

ISBN: 978-84-267-3743-4
DL: B 21817-2023

Impreso en Printek
Printed in Spain

EL ÚLTIMO PERIODISTA

La inteligencia artificial toma el relevo

Antoni Vidal Carretero

A todos los periodistas que anteponen
el valor de la libertad al de sus propias vidas

Contenidos

PRÓLOGO

El periodismo recibió el primer golpe de gracia del siglo XXI con la crisis económica mundial de 2008, que justificó una mayor reducción de plantillas, reducción de salarios, reducción de ingresos publicitarios y de público consumidor de noticias, y propició la consolidación del llamado «periodismo de alcachofa»: las declaraciones de los actores protagonistas de la actualidad se imponen a los hechos; noticia no es lo que ha sucedido, sino lo que ha dicho quién sobre lo que ha sucedido o sobre lo que otro ha dicho con anterioridad; noticia no es lo que el periodista ha observado directamente de la realidad, sino lo que el periodista ha recogido en su navegación diaria por la galaxia de Internet; periodista no es un «mediador» formado en la observación de la realidad y en el uso profesional de los criterios de noticiabilidad, sino cualquiera que haya tenido la oportunidad de recoger con su móvil fragmentos de esa realidad «que se ha hecho viral».

La Inteligencia Artificial asestará, sin duda, el segundo golpe de gracia. Los primeros indicios sobre las nuevas formas de hacer periodismo que ha introducido la IA son escalofriantes. ¿Vamos hacia el fin del periodismo, tal como lo hemos entendido durante el siglo XX? ¿Estamos a las puertas del *último periodista*? Y si el periodismo de calidad desaparece, ¿qué fuentes de información influirán en el futuro para que el público se pueda formar un criterio sobre lo que pasa, en condiciones de discernir sobre lo verdadero y lo falso?

El último periodista

La obra de Antoni Vidal que tiene el lector entre sus manos, o en su pantalla, describe el problema con todos los detalles y todas las ramificaciones necesarias. No es una cuestión simple. La tela de araña que ha tejido la IA y atrapa al periodismo nos sumerge en un escenario de gran incertidumbre. Porque es un problema de gran magnitud que desaparezca el periodismo resultante de la observación directa de los hechos por parte de periodistas experimentados y bien remunerados. La IA no contribuirá a disminuir la pérdida de credibilidad de los medios; y la credibilidad de dichos medios era el gran patrimonio inmaterial acumulado durante décadas por el periodismo de calidad.

A través de un recorrido histórico por los distintos procesos tecnológicos y profesionales que ha vivido el periodismo, con la incorporación de distintas perspectivas analíticas, el autor nos describe con rigor y múltiples datos las consecuencias que supondrá la celebración acrítica de la entrada de la IA y las tecnologías inmersivas en el periodismo y en las distintas formas de consumo de las noticias. La suplantación del hombre por la máquina ha sido secularmente una de las grandes preocupaciones del ser humano. Antoni Vidal nos advierte sobre los peligros de que tal suplantación se produzca en el periodismo. Porque, ¿cuándo la réplica se consideró mejor que el original? No se trata de ser apocalípticos, sino de detenernos con calma y espíritu abierto a los distintos argumentos que capítulo a capítulo nos presenta este bienvenido y celebrado ensayo.

ARMAND BALSEBRE
Catedrático de Comunicación Audiovisual y Publicidad
por la Universidad Autónoma de Barcelona

PREÁMBULO

El último periodista. La inteligencia artificial toma el relevo invita al lector a una revisión histórica de la comunicación y sus derivadas tecnológicas hasta la eclosión de la inteligencia artificial (IA) y las consecuencias que conlleva. Lo hace a partir de las ansias seculares del ser humano por dejar constancia de su existencia, sus creencias y su organización social. La búsqueda comunitaria por compartir estas experiencias vitales impulsa diversas formas expresivas y el primigenio periodismo. Posteriormente, los valores ilustrados en Occidente fundamentan el nacimiento del estado moderno y del periodismo democrático.

La electrónica analógica universaliza la comunicación a través de la radio, la televisión y las emisiones por satélite. Más tarde, la electrónica digital en la era de la computación superará exponencialmente las posibilidades de la tecnología analógica e impulsará internet como una red comunicativa multidireccional global. Estos avances no alterarán la ontología del ser humano, sus capacidades perceptivas ni su morfología. Inicialmente, no será confiscada su privacidad, ni crearán dependencia. Muy al contrario, enriquecerán su vida cotidiana y su integración social en un imaginario compartido, donde el periódico impreso todavía convivirá, aunque menguante, con la comunicación multimedia.

En la segunda parte de esta obra observamos cómo las nuevas tecnologías inteligentes (IA) confluyen en los *chatbots* GPT y aplicaciones asociadas, desbordando los límites tecnológicos y su secuencia de implantación. El ChatGPT superó, solo dos meses después de su irrupción, los 100 millones de usuarios (algo que TikTok consiguió en nueve meses); es la tecnología de aceptación y difusión más acelerada. Entre las aplicaciones vinculadas se encuentra la realidad virtual inmersiva, cuya culminación es el metaverso y los multiversos, que transformarán de forma concluyente la comunicación y el periodismo en todas sus modalidades.

El metaverso nos produce percepciones sensoriales tridimensionales en las que somos sujetos virtuales desconectados de un entorno vivencial material. El cerebro recibe estímulos que escapan a la asociación orgánica con nuestros sentidos, creando construcciones mentales para sumergirnos en una realidad inmaterial. Tras las dificultades de Zuckerberg y Meta en su apuesta total por el metaverso, su implementación se ralentizará, ajustándose a la demanda social y al desarrollo tecnológico.

La IA continúa, entre tanto, su progresión, previendo alcanzar un dominio tecnológico integral, proveyendo a la ciudadanía de un caudal casi ilimitado de significantes y versiones *ad hoc* de la actualidad informativa, y desplazando la función del periodista, garante de un compromiso ético reconocible. En febrero de 2023, un rotativo español, el diario deportivo *Marca*, por primera vez en la historia de los medios impresos de nuestro país lucía una portada realizada totalmente por IA. Son muchos los precedentes de periódicos de todo el mundo que, en ciertas secciones, utilizan *bots*

14

en el redactado de las noticias desde hace más de una década. News Corporation, el conglomerado mediático propiedad del magnate Rupert Murdoch, se sirve en Australia de IA generativa para producir 3000 noticias locales a la semana. A mediados de 2023, la proliferación en el uso de la IA en las redacciones era tal que resultaba difícil diferenciar sus noticias de las elaboradas por periodistas, según recogía *The Guardian*.

Ya existe RadioGPT, una emisora que establece y emite su programación con IA sin participación humana. Y le sigue una TvGPT, con idénticas características: imágenes y voces creadas por IA indistinguibles en una primera percepción de las reales. Todo esto tiene lugar en coincidencia con el declive imparable de los periódicos impresos. En junio de 2023, dejaba de publicar su edición en papel el periódico más antiguo del mundo, el *Wiener Zeitung* de Austria, fundado hace 320 años, lastrado por la pérdida de lectores y por una ley que lo conducía a la quiebra.

Profesores, alumnos, historiadores, periodistas, escritores y políticos, junto a una parte de la ciudadanía, abrazaron con entusiasmo los servicios del ChatGPT a las pocas semanas de poder ser consultado en línea previo registro. Pero de inmediato se evidenció la vulnerabilidad social ante un hito tecnológico que desnaturaliza verdad y realidad. Relevantes científicos y emprendedores promovieron un tiempo de reflexión sobre la IA neuronal o generativa —por razones no siempre coincidentes— sin ningún resultado tangible. Es impropio comparar las tecnologías inteligentes

15

con las que históricamente han conformado nuestras vidas. Su grado de disrupción altera siglos de convivencia, en los que la tecnología irradiaba horizontes de progreso incontestable para el ser humano.

Este libro reivindica el periodismo independiente y el libre albedrío del ser humano. Esto último no desde una concepción innatista, sino como posibilidad potencial que permita a las personas determinar libremente su destino. No rechazamos las tecnologías inteligentes. Exploramos su pertinencia en un planeta golpeado por la emergencia climática y la complejidad de una transición ecológica sustitutiva. Todo ello en un contexto internacional extremadamente polarizado.

Sustentamos con determinación que, sin información veraz, independiente del poder político y de las corporaciones, limitado el papel mediador de los periodistas, el pensamiento crítico desaparece. Y de forma acomodaticia aceptaremos los prodigios de la IA generativa y de tecnologías disruptivas que pueden materializar una forma de comprender y vivir sin rastro humano.

Los lectores de esta obra disponen de una actualización de sus contenidos en www.marcombo.info con el código **PERIODISTA24**, que pone en valor la funcionalidad del soporte escrito. No hemos operado con ningún *chatbot*.

CAPÍTULO 1

PERIODISMO, PODER Y RESILIENCIA

La información fue primero

La información es la medida de la reducción de la incertidumbre, lo contrario de la entropía. Sin embargo, cuando la información no cumple ese propósito, su exceso genera más entropía. El ingente flujo de información redundante y heterogénea que encontramos en redes nos aleja de la posibilidad de darle un sentido coherente. Por ello, la función social del periodista —en cualquiera de sus figuras— es capital para poder elucidar la marea informativa que envuelve nuestra vida cotidiana. A medida que la tecnología avanza hacia la sociedad del ocio ininterrumpido nucleada en torno a la IA, el periodista refuerza su función como principal garante de la veracidad.

Mucho antes de la existencia de los periodistas y los periódicos, de la letra impresa y el papel, los humanos prehistóricos ya desarrollaban una innata necesidad de informar de su existencia, expresando la voluntad de que sus testimonios perduraran. Las pinturas rupestres y, después, las inscripciones en diversos objetos —en pieles de animales, cortezas de árbol y arcilla— servían de difusores del espacio simbólico y de la existencia cotidiana de los miembros de aquellas culturas y civilizaciones. También nos dejaron tallas en madera[1] y piedra junto a monumentos milenarios que nos ofrecen una valiosa información sobre quienes atesoraron saberes subestimados durante siglos.

Las imágenes figurativas presentes en Altamira (España), Chauvet-Pont-d'Arc, Lascaux y Pech Merle (Francia), constituyen los ejemplos más notables de pinturas prehistóricas que entremezclan el naturalismo y la abstracción en un lenguaje visual aún no decodificado por completo. A finales del siglo XVI, el investigador y académico cordobés José López de Cárdenas comenzó un trabajo de catalogación, seguido del intento de descifrar el significado de testimonios prehistóricos, entre los que se encontraban construcciones megalíticas como los dólmenes. López de Cárdenas descubrió las cuevas de Fuencaliente y la de Peña Escrita (Ciudad Real), coligiendo que las inscripciones estaban realizadas a modo de relato sobre la divinidad y atributos terrenales de sus reyes, pertenecientes a la civilización Tartesia, de cuya existencia se dudó hasta el s XX. En 1879, el descubrimiento de las Cuevas de Altamira arrojó aún mayores hallazgos y retos hermenéuticos. Para el investigador G. C. Aethelman, la interpretación de aquellas pinturas

---

[1] *El ídolo de Shigir* se considera la talla de madera más antigua del mundo, datada en 10.000 años de antigüedad. Su altura equivale a la de dos pisos y encierra un enigmático mensaje todavía no descifrado.

fue equívoca por completo, pero fue una reacción lógica «porque el naturalismo de las figuras no permite sospechar que sean escritura»[2]. Más de 3000 años a. C., en la fértil y hacendosa Mesopotamia, se creó la primera escritura cuneiforme[3], que permitía a los sumerios anotar todo tipo de transacciones y el reparto de cosechas entre una población cada vez más numerosa. En un principio eran datos numéricos, que posteriormente fueron completados con una serie de encabezamientos, que irían evolucionando hasta construir frases estructuradas, dando lugar a la escritura como forma de almacenamiento y transmisión de información y conocimiento. Fue un hallazgo capital en el devenir de la humanidad, que también se produjo en distintos momentos en China, Egipto o Centroamérica. Como razona Silvia Ferrara, «La escritura es, en efecto, algo creado, pero está imbuido hasta la médula de nuestros huesos, a la capacidad, plástica y multiforme, de ver con nuestros ojos y, al mismo tiempo, casi por arte de magia, en un instante, de ver el mundo con ojos completamente distintos»[4].

Los diarios de Cristóbal Colón informan de una gesta universal, a la par que de la disolución de civilizaciones autóctonas que habitaban territorios que pasaron a formar parte de la corona española

---

[2] Aethelman, G, C. *Pinturas rupestres. Lectura, significado e historia.* Almuzara (2019). Pág. 17-18.

[3] Recibe este nombre por la incisión en forma de cuña que se ejecutaba sobre placas de arcilla para grabar los caracteres.

[4] Ferrara, Sílvia. *La gran invención*. Editorial Anagrama (2023). Pág. 10.

mediante el uso de la fuerza y la conversión obligada al cristianismo. En el diario de a bordo del navegante genovés —bajo los auspicios de los Reyes Católicos— figura, en el día 15 de octubre de 1492, lo que los nativos de la isla de Cuba le expresaron mediante señas, creyendo que él y el resto de los marineros eran dioses mitológicos: «Partí con el viento Sueste, para passar a estotra isla, la cual es grandíssima, y adonde todos estos hombres hazen señas que ay muy mucho oro, y que lo traen en los braços en manillas y a las piernas y a las orejas y al nariz y al pescueço. Son estas islas muy verdes y fértiles y puede aver muchas cosas que yo no sé, porque no me quiero detener por calar y andar muchas islas para fallar oro. No puedo errar con el ayuda de Nuestro Señor que yo no le falle adonde naçe»[5]. Semanas después, el 6 de noviembre, Colón certificaba la deificación de los conquistadores por parte de los habitantes de aquellas tierras: «Ayer en la noche, dize el Almirante, vinieron los dos hombres que avía enbiado a ver la tierra dentro, y le dixeron que los avían resçibido con gran solenidad, y les besaban las manos y los pies maravillándose y creyendo que venían del cielo»[6].

La historia de las grandes culturas precolombinas es, en buena medida, un enigma porque se hallaba depositada en la memoria colectiva, siendo su transmisión fundamentalmente oral y mediante códices de escritura pictográfica y jeroglífica. Estos códices han

---

[5] Arias, Ernesto. *Diario de a bordo*. [Archivo PDF]. Disponible en: Rae.es. Pág. 12. (Última consulta: 22-02-22).

[6] Ibid. Pág. 16.

arrojado con el paso de los siglos elementos significativos sobre el origen y la vida de aquellos pueblos. En 2022, un equipo de arqueólogos, tras el descubrimiento en 2001 de una ciudad maya semioculta en la selva de El Peten (Guatemala), bautizada como San Bartolo, descubrió la primera fecha del calendario maya: «Una pieza importante lleva una fecha jeroglífica en el calendario ritual de 260 días, que ofrece la evidencia más temprana de este calendario en la región maya»[7]. El choque civilizatorio motivó la quiebra de un mundo que, a pesar de ritos y costumbres no homologables desde la óptica de los conquistadores, engrosaba sociedades prósperas y culturalmente empoderadas. Los viajes para conocer nuevas tierras y comercializar todo tipo de productos —que tienen lugar antes y después de la llegada de Colón a América— generarán notables caudales de información que pasará a engrosar el relato global de las colectividades humanas.

Respecto a la cuna cultural de nuestra civilización, que situamos invariablemente en la antigua Grecia, destaca la ausencia durante siglos de textos escritos sobre la filosofía helena, que ha iluminado la historia de Occidente. Hemos conocido este corpus filosófico de manera parcial, fragmentado, desde el s. XVI hasta el presente, por autores no coetáneos. Sin embargo, sí hubo una estimable producción impresa utilizando hojas de papiro en vida de los pensadores griegos, como atestigua el historiador Glenn W. Most: «En la *Apología* de

---

[7] https://www.science.org/doi/10.1126/sciadv.abl9290. (Última consulta: 22-02-22).

Platón, Sócrates afirma que las obras de Anaxágoras se vendían en el ágora por poco más de una dracma, y en el *Parménides* de Platón, vemos que Sócrates escucha a Zenón mientras este lee de su propio libro durante su visita a Atenas junto a Parménides»[8]. Most achaca la ausencia posterior de textos y publicaciones originales a una falta de interés general, paralela a la desaparición de las escuelas-biblioteca filosóficas que cada pensador atesoraba y que se dedicaban a compilar, reproducir y preservar sus obras.

En el largo camino entre la prehistoria y el discurrir de la Baja Edad Media, la invención del papel como soporte para la escritura transfigura la transmisión del conocimiento y la cultura. Este invento chino permite durante siglos la escritura textual y la expresión y difusión de diversos géneros literarios y escuelas filosóficas. Asimismo, facilita la redacción y distribución de las primeras hojas periódicas, antecedente de lo que más tarde sería la prensa escrita. Roma es su origen. El basto imperio romano se dotó de una excepcional organización administrativa y de un completo corpus jurídico, algunos de cuyos postulados mantienen todavía su vigencia en el ámbito del derecho: la primaria protección de la mujer y la inviolabilidad de las personas (incluía esclavos y esclavas).

Obras públicas como puertos, calzadas, viaductos, canalizaciones de agua, mercados y baños constituían un amplio abanico de servicios

---

[8] https://pure.mpg.de/rest/items/item_3310800/component/file_3310810/content. Pág. 10. (Última consulta: 13-04-2022).

22

públicos que precisaban ser publicitados para el mayor conocimiento y uso de los ciudadanos romanos. Asimismo, desde el Senado hasta las asambleas locales, se generaba una abundante legislación. De todo ello daba cuenta el *Acta Diurna*, que fue incorporando paulatinamente lo que hoy podríamos calificar como información general del Imperio. Desde la época de Julio César, los escribas preparaban y publicaban las *Acta Diurna*, cuyos primeros ejemplares constituían «un registro de las deliberaciones en el Senado y las asambleas del pueblo, pero se amplió para incluir noticias de importantes legados, prodigios de la naturaleza y victorias de gladiadores»[9]. El *Acta Diurna* se publicaba diariamente en formato cartel y se distribuía en papiros, de los que se preservan actualmente muy pocos. Además de informar, el *Acta Diurna* publicitaba la labor de Julio César y, por ende, legitimaba el Imperio.

Pero es la invención de la imprenta, con los tipos de letra móvil, a mediados del s. XV, en el período que se ha dado en llamar Temprana Edad Moderna (s. XV-XVIII), lo que supone una revolución que puede equipararse con la producida por la electrónica digital a finales de los años 70 del pasado siglo. La escritura de libros con anterioridad a la invención de los tipos móviles se realizaba a mano artesanalmente, invirtiendo en ella días e incluso semanas; ahora, su producción en serie multiplica las tiradas en un corto espacio de tiempo. Y los

---

[9] Blair, A. *Information. A Historial Companion*. Princeton University Press (2022). Pág. 12.

23

primeros periódicos, en el s. XVI, ven la luz a las pocas horas de su redacción en ediciones amplias.

La imprenta, invención atribuida a Gutenberg, fue el resultado de sus propias aportaciones junto a las de otros inventores pertenecientes a diversas culturas. Durante los siglos posteriores, las técnicas de Gutenberg fueron básicas para la impresión de periódicos. Los tipos móviles se colocaban sobre una plancha metálica ubicando el texto de cada noticia. Para las cabeceras y las ilustraciones se utilizaba la xilografía, siguiendo una técnica china que consistía en esculpir sobre una plancha de madera todo aquello que no se podía reproducir mediante tipos móviles.

El salto decisivo hacia el periódico que hoy conocemos se produce en 1810. Friedrich Köening construye una prensa de rodillo accionada por un motor de vapor. Así, el *Times* de Londres consigue imprimir 1100 ejemplares en una hora, multiplicando por cuatro la primitiva impresión del periódico. La litografía se impuso sobre la primitiva impresión xilográfica haciendo factible, en 1880, la irrupción de la fotografía en blanco y negro en la composición de los periódicos. La rotativa *offset*, que entre otras características facilita la impresión en color, supuso, iniciado el s. XX, el último paso para imprimir ediciones de cientos de miles de ejemplares con gran celeridad. Esto hizo posible la época dorada del periodismo, entre los años 20 y principios de los años 70, con grandes tiradas y ediciones especiales en competencia con la inmediatez radiofónica y la omnipresencia de la televisión. Un periodismo que basculaba sobre el quehacer y la integridad del periodista, que debía resistir presiones del poder político, corporaciones económicas y organizaciones delictivas.

El declive de la prensa escrita tiene su cénit en EE. UU., entre 1990 y 2016, cuando cierran cerca de quinientos periódicos y el resto acometen diversas medidas, la mayoría de las cuales pasan por reducir o eliminar la edición impresa y ofrecer su producto *online* por suscripción. Según recogía la revista *The New Yorker* en 2019: «Si el periodismo se ha reinventado durante las últimas dos décadas, ha sido, en su mayor parte, reinventado no por reporteros y editores, sino por empresas de tecnología, en una secuencia de eventos que, en la desgarradora narración de Abramson [la periodista Jill Abramson], se asemejan más a una serie de acrobacias pueriles que a actos de servicio público»[10].

Seres humanos con orientaciones ideológicas y motivaciones diversas fundamentaron nuestro mundo actual desde la divergencia y el acuerdo. En el s. XX, la información, y los sucesivos medios y tecnologías utilizadas para su difusión, «impregnó por primera vez en el ser humano la conciencia general de pertenencia a una misma comunidad»[11]. Hemos comentado cómo nació la escritura, que de tener inicialmente para los sumerios un fin contable —con contenido

---

[10] Lepore, Jill. *¿Tiene futuro el periodismo?* The New Yorker (2019). https://www.newyorker.com/magazine/2019/01/28/does-journalism-have-a-future. (Última consulta: 12-07-2022).

[11] Balsebre, A. y Vidal, A. *Darwin en el desván. Progreso, sumisión tecnológica y medios de comunicación.* Cátedra (Madrid, 2021). Pág. 18.

estrictamente numérico— se transformó en palabra escrita e información. Este capital cultural situaría a los sumerios como una de las primeras grandes civilizaciones de la historia. Ahora sufrimos un proceso inverso, puesto que cualquier actividad, palabra o locución se traduce e integra en una ecuación matemático-algebraica: el algoritmo informático, que escruta y delimita nuestras vidas.

Dentro de muy poco será una inteligencia artificial la que con sus algoritmos y conexiones neuronales dirima y resuelva nuestro presente. El panteísmo tecnológico desborda nuestro día a día y entroniza la digitalización del mundo. Los investigadores de Google y Open AI, entre otros, persiguen emular la vida y la conciencia humanas. En un primer paso, el sistema de inteligencia AlphaFold de Alphabet/Google, presentado en julio de 2022, predice la estructura de todas las proteínas conocidas, lo que representa unos 200 millones de moléculas esenciales. Y el Chatbot GPT de Open AI, dado a conocer en las postrimerías de ese mismo año, asume un rol humano como investigador, recopilador o redactor de información. Desde hace un tiempo, los buscadores que utilizamos ya parcelan sus resultados de forma predeterminada, retroalimentado nuestros sesgos y potenciando una visión unilateral del mundo que nos rodea. En el periódico escrito pasábamos (pasamos) página, sin condicionamiento alguno en nuestra selección de lectura. Sin embargo, son ahora los propios buscadores y agregadores de noticias quienes delimitan el discurso informativo. Optan generalmente por aquellas noticias que suscitan nuestra curiosidad, independientemente de su proyección de interés general. Por ende, la contribución económica a aquellos medios de los que se sirven es escasa. Y cuando algún país, como Canadá, ha pujado al alza en la demanda de una compensación económica, Google y Meta han bloqueado contenidos en sus plataformas.

Los valores ilustrados y el periodismo democrático

Soberanía y libertad son los dos pilares que articulan el Estado-nación que surge del pensamiento ilustrado y se encumbran tras la Revolución francesa de 1789. Ambos conceptos constituyen un binomio de cuyo equilibrio depende la construcción democrática de la sociedad. En la Europa del s. XVIII, el asentamiento de los principios liberales supondrá la ruptura definitiva con el antiguo régimen, lo que tendrá que ver con la transición del capitalismo mercantil al industrial y la irrupción de una nueva clase social representada por la burguesía. Esta había ido gestándose el siglo anterior a partir de sus actividades comerciales y la subsiguiente acumulación de capital. La heterogeneidad de Europa da lugar a que primero se produzca en Inglaterra una revolución económica e industrial y, después, en Francia, donde la revolución tendrá un marcado carácter ideológico: «En el fondo, era principalmente política, pues se relacionaba con la organización del gobierno, con la autoridad y los poderes públicos, con la hacienda pública, con los impuestos, con la administración, con la ley, con los derechos individuales y con la posición legal de las clases sociales»[12].

Francia, en la segunda mitad del s. XIX, después de la fallida revolución de febrero de 1848, vive una gran expansión económica. Se crea la banca de inversiones, Crédit Mobilier; un banco rural, Crédit Foncier; y se incrementa notablemente la constitución de sociedades y la inversión de capital. Paralelamente, la red ferroviaria francesa pasa de 3000 km a 16.000 km, lo que conlleva la fabricación de locomotoras, vagones, raíles y las correspondientes estaciones de línea, estimulando la producción de carbón y la actividad de las fábricas. En este contexto de crecimiento económico, los obreros crean sindicatos y el Estado organiza servicios sociales de carácter público: se construyen hospitales y asilos y se reparten medicinas de forma gratuita. La industrialización provoca en el vecino país un cambio sustancial en las formas de vida cotidiana de los trabajadores y del conjunto de la ciudadanía. Afloran los conflictos de clase con la precarización laboral de masas de trabajadores que ven frustradas sus expectativas, bien por falta de cualificación o bien por los vaivenes cíclicos del mercado y sus excesos. Esto motiva la actuación complementaria del «estado subsidiario» respecto al «estado gendarme». Las atribuciones en materia de defensa, policía y justicia se amplían, entre otras, a las de educación, sanidad, fomento y trabajo. No es casual, pues, que el fundamento de la noción moderna

---

[12] Palmer & J. Colton. *Historia contemporánea*. Akal Editor (Madrid, 1971). Pág. 167.

de «servicio público» —capital para los medios de comunicación tanto públicos como privados y que ha perdurado hasta el presente— haya sido acuñada y desarrollada en Francia. En las dos últimas décadas del s. XIX, los medios impresos franceses experimentan un auge extraordinario, impulsados en gran medida por empresarios vinculados al negocio textil —lo que no es óbice para que sean foro de debate y crítica, incorporando a las primeras plumas de la literatura gala—.

La consolidación del sistema de partidos en EE. UU. en la primera mitad del s. XIX, y en sus postrimerías en parte de Europa, conllevará que las principales fuerzas políticas tengan como altavoz un periódico propio o muy próximo. En particular, la prensa en Norteamérica, a finales del s. XIX, muestra esa dependencia. Para el historiador de la comunicación, James L. Baughman: «Antes de la Guerra Civil [norteamericana], los partidos en realidad subvencionaban las operaciones de muchos periódicos. A veces directamente, a veces a través de contratos de impresión del gobierno. En muchos casos, los subsidios fueron indirectos y desconocidos para los lectores»[13]. La prensa de partido confrontará con nuevos rotativos inspirados en los principios del periodismo democrático liberal y el pluralismo informativo. Los referentes ideológicos de estos últimos se encuentran en la Constitución de los Estados Unidos, aprobada en 1787, y en la Declaración de los Derechos del Hombre y el Ciudadano de 1789,

---

[13] https://ethics.journalism.wisc.edu/2011/04/20/the-fall-and-rise-of-partisan-journalism/. (Última consulta: 26-04-2022).

promulgada por la Asamblea Constituyente francesa, cuyos artículos 10 y 11 contemplan la libertad de opinión, de prensa y de conciencia.

La Revolución norteamericana, inspirada en buen grado en los valores de la Ilustración francesa, supone el alumbramiento de la división de poderes y la salvaguarda de la libertad individual. Una de las diferencias fundamentales de la primera respecto a la constitución revolucionaria francesa estriba en que fija un modelo territorial federal, mientras que la segunda marca las pautas del estado unitario. La Primera Enmienda de las diez que se sancionaron en 1791, tres años después de aprobada la carta magna americana, enfatiza la libertad de culto y la libertad de expresión y de prensa. Todos estos conceptos vertebrarán el ejercicio de la profesión periodística y la defensa de la independencia de los medios frente a cualquier poder.

A principios del siglo XX surgirán los primeros códigos deontológicos de la profesión periodística que regularán su ejercicio. En 1918 se elabora la *Carta de deberes profesionales de los periodistas franceses,* que será revisada en 1938 y actualizada en 2011 por última vez. El texto de 1938, entre otras consideraciones, señala los siguientes principios[14], que deben presidir la labor del periodista:

---

[14] https://www.snj.fr/sites/default/files/documents/Charte2011-SNJ.pdf. (Última consulta: 26-04-2022).

- Se responsabiliza de todos sus escritos, incluso de los anónimos [que utiliza].

- Solo acepta encargos compatibles con la dignidad profesional.

- Se abstiene de utilizar medios desleales para obtener información o sorprender la buena fe.

- No recibe dinero de un servicio público o una empresa privada donde su atributo como periodista, sus influencias, sus relaciones serían susceptibles de ser explotadas.

- No suscribe con su nombre artículos de publicidad comercial o financiera.

- No comete ningún plagio, cita a colegas de los que reproduce algún texto.

- Guarda el secreto profesional.

- No utiliza la libertad de prensa con fines egoístas.

- Reclama la libertad de publicar honestamente su información.

- Considera reglas primarias el escrúpulo y la preocupación por la justicia.

La actualización de 2011 de la *Carta* se cimenta de nuevo en la vigencia del concepto de servicio público: «El derecho del público a una información de calidad, completa, gratuita, independiente y pluralista, recordado en la Declaración de los Derechos Humanos y en la Constitución francesa, orienta al periodista en el ejercicio de su misión. Esta responsabilidad frente al ciudadano prevalece sobre cualquier otra»[15]. La citada actualización también contempla el derecho del periodista al secreto profesional y a la cláusula de conciencia.

En EE. UU., el primer código deontológico data de 1926 y fue elaborado por la Sociedad Estadounidense de Editores de Periódicos (SPJ). Ha sido actualizado en diversas ocasiones, su cumplimiento es voluntario y está exento de sanciones. Su principal objetivo es el compromiso ético de periodistas y ciudadanos: «Nuestra esperanza es que el público y otros profesionales del periodismo tengan en nuestro código las herramientas necesarias para evaluar el comportamiento periodístico y hacer que los periodistas sean éticamente responsables de sus acciones»[16].

En España, de forma tardía tras la dictadura de Franco, el primer código deontológico ve la luz en Barcelona, en 1992, impulsado por el Col·legi de Periodistes de Catalunya. Es aprobado por su Junta de Gobierno y por el II Congrés de Periodistes de Catalunya. Para velar por su cumplimiento, también voluntario y sin sanciones, se creó en 1997 el Consell de la Informació de Catalunya. Este órgano está constituido por representantes de todos los medios escritos y audiovisuales. Sus dictámenes no son vinculantes y apenas tienen eco en los propios medios, circunstancia que sus miembros han

---

[15] https://www.snj.fr/?q=content/charte-d%E2%80%99%C3%A9thique-professionnelle-des-journalistes. (Última consulta: 26-04-2022).

[16] https://www.spj.org/ethicsfaq.asp. (Última consulta: 27-04-2022).

lamentado en diversas ocasiones. Su web[17] es la principal plataforma que utiliza para darlos a conocer. En 1993, la Federación de Asociaciones de Periodistas de España aprobó su propio código deontológico[18], en el que destacaba en su preámbulo como referencia esencial «las libertades civiles consagradas en la Constitución». Por su parte, el Código Europeo de Deontología del Periodismo, aprobado en 1993 por el Parlamento Europeo, se sitúa en las mismas coordenadas éticas que los antes citados. Su ponente y redactor fue el entonces parlamentario socialista español Manuel Núñez Encabo, catedrático de Filosofía del Derecho.

El periodista británico instalado en Boston, Benjamin Harris, aporta la primera referencia deontológica a la profesión periodística cuando, en 1690, publica el primer y único número de su periódico *Publick Ocurrences, Both Foreign and Domestick* con el «credo del periodista». La publicación fue prohibida de inmediato en la entonces colonia británica, carente de libertad de información y expresión. Sin embargo, Harris era un periodista sectario, beligerante en especial contra católicos y cuáqueros, y abonado a la conspiración con su denuncia del falso complot papista: «Un complot totalmente ficticio, pero ampliamente creído en el que se alegaba que los jesuitas estaban planeando el asesinato del rey Carlos III para traer a

---

[17] Què és el CIC | Fundacio CIC (periodistes.cat). (Última consulta: 27-04-2022).

[18] Código Deontológico (fape.es). (Última consulta: 27-04-2022).

su hermano católico romano, el duque de York (después el rey James II), al trono... Fueron ejecutadas unas 35 personas inocentes»[19].

El compromiso deontológico, que es el anclaje de la función del periodista con los principios cardinales de honestidad e independencia informativas, está ausente en la carta fundacional de la mayor parte de empresas de comunicación. La libertad de empresa, como principio democrático, confiere a un medio la posibilidad de definirse ideológicamente implícita o explícitamente —generalmente se da el primer caso—, pero no lo habilita para una práctica tendenciosa que omita o tergiverse acontecimientos y opiniones que no casan con su ideario e intereses. Los oligarcas tecnológicos, como veremos más adelante, hace tiempo que han dispuesto los mecanismos algorítmicos para identificar cualquier disidencia en el enjambre de internet.

El telégrafo y la primigenia inmediatez informativa

La primera tecnología de mensajería eléctrica la desarrolló el telégrafo con conexión alámbrica, utilizando el código binario creado por el profesor de dibujo Samuel Morse. Con anterioridad, en 1684, el científico inglés Robert Hooke había creado un sistema de telegrafía óptica, a través de torres y mediante un código visual, aunque no llegó a tener éxito. Retomando este proyecto, en el marco de la Revolución francesa, Claude Chappe logró implantar un modelo

---

[19] https://www.britannica.com/event/Popish-Plot. (Última consulta: 27-04-2022).

34

similar con una red de 4000 kilómetros y más de 500 estaciones de monitoreo. Las aportaciones de Chappe resultaron sumamente efectivas en la coordinación de los desplazamientos y localizaciones durante el conflicto.

El telégrafo eléctrico, en el s. XIX, inauguró las primeras transacciones económicas en línea e impulsó el desarrollo de la prensa y las agencias informativas, lo que transformó el modelo y la estructura de los periódicos. Según el redactor jefe del *Times* de Londres, en aquella época Mowbray Morris, que vivía los cambios producidos por el telégrafo desde mediados de siglo: «Para el corresponsal de prensa, el telegrama ha sustituido a la carta y ha impuesto un nuevo estilo y una manera nueva de tratar los asuntos públicos»[20]. El telégrafo supuso uno de los grandes acontecimientos tecnológicos, antecedente de la revolución electrónica que se iniciaría con la invención de la telegrafía sin hilos y la radio a principios del s. XX. Las aportaciones del físico y matemático alemán James Clerk Maxwell, que teorizó el electromagnetismo, y del físico italiano Alessandro Volta, que creo la primera batería, fueron esenciales para la evolución del telégrafo en línea y la implantación del teléfono doméstico, inventos que precedieron a la telegrafía inalámbrica y al medio radiofónico.

---

[20] Williams, Francis. *Las telecomunicaciones y la prensa.* UNESCO (París, 1954). Pág. 19.

El último periodista

El primer servicio telegráfico comercial del mundo se inauguró en Londres, en 1839, con un aparato creado por Charles Wheatstone, consistente en un sistema de agujas que marcaban, secuencialmente, una veintena de letras con las que se formaban las palabras y abreviaturas. El procedimiento era ingenioso, pero no tan simple y eficiente como el que desarrollarían posteriormente Samuel Morse y Alfred Vail. Los primeros pasos para la implantación del telégrafo en todo el mundo se dan en 1843, cuando los americanos Morse y Vail son adjudicatarios de una partida del Congreso de los Estados Unidos para materializar un sistema de telegrafía, punto a punto, entre Washington y Baltimore. El 24 de mayo de 1844, Morse envió a Vail el primer mensaje del nuevo invento con este enunciado: «¡Qué ha hecho Dios!»[21]. Posteriormente, el telégrafo basado en el código Morse fue mejorando sus prestaciones y se expandió por toda América, Europa y el resto del planeta.

El telégrafo tuvo un papel estelar en la guerra de secesión americana, hasta el punto de que Abraham Lincoln, consciente de su importancia estratégica, pernoctaba en la estancia donde se alojaba el equipo telegráfico. De forma paralela, los periodistas que cubrían este conflicto tuvieron constancia de que el telégrafo les ofrecía una inmediatez inexistente hasta entonces en su comunicación con las redacciones de sus cabeceras. Hasta la irrupción del telégrafo, el

---

[21] https://www.history.com/topics/inventions/telegraph#:~:text=Developed%20in%20the%201830s%20and,a%20wire%20laid%20between%20stations. (Última consulta: 04-05-2022).

36

texto de las noticias se distribuía con caballos, trenes o barcos. Y los periódicos los publicaban con semanas de diferencia.

Todd Andrlik, autor y editor de *Reporting the Revolutionary War*, el principal tratado sobre la prensa americana en el período de la guerra civil, afirma que «los periódicos fueron absolutamente fundamentales para la construcción de los Estados Unidos. Como únicos medios de comunicación en ese momento, avivaron las llamas de la rebelión, mantuvieron la lealtad a la causa y finalmente ayudaron en el resultado»[22]. George Washington tenía conciencia de la importancia de crear y alentar una opinión pública favorable a la unión y crítica con los secesionistas del sur. Estimaba que uno de los mejores instrumentos para reflejar el punto de vista de quienes defendían la unión debía ser un periódico de amplia tirada controlado por el ejército y bajo su supervisión personal. Así alimentaba a una población ávida de noticias sobre el conflicto, polarizándola a favor de los postulados unionistas.

La naturaleza del telégrafo, bidireccional pero de un solo canal, exigía una gran economía de lenguaje, teniendo en cuenta que las compañías de telégrafos cobraban en función del número de palabras a transmitir. Esto llevó a los reporteros a utilizar expresiones verbales más simples y sucintas, y a jerarquizar el texto en orden según la importancia de la noticia. El origen y la estructura de la pirámide informativa invertida se

---

[22] https://www.mountvernon.org/george-washington/the-revolutionary-war/reporting-the-revolutionary-war-an-interview-with-todd-andrlik/. (Última consulta: 02-05-2022).

ha fijado en este conflicto revolucionario, según algunos estudiosos. No obstante, el investigador de la comunicación Ford Risley cree que la idea «de que el uso del telégrafo creó el estilo de pirámide invertida en la redacción de noticias es a menudo exagerada... pagaban tarifas de telégrafo, así que, cuantas menos palabras, menos costoso»[23]. Empero, se ha de tener en cuenta la premura de los periodistas en mutua competencia por ser los primeros en enviar sus crónicas y la necesidad de agilizar el servicio compartido con la inteligencia militar, lo que acabó conformando una particular estructura del redactado de las noticias. Todo ello suponía priorizar en su cabecera lo más importante.

El telégrafo y el tren mantenían una estrecha asociación, desde la coincidencia del tendido de cables telegráficos con las vías ferroviarias hasta a la coordinación de salidas y llegadas de trenes entre estaciones. Esto último era básico debido a que los primeros trazados ferroviarios solo constaban de una vía. En 1893, EE. UU. estableció, finalmente, el sistema de doble vía, lo que redujo visiblemente el número de accidentes y aceleró su expansión. A mediados del s. XIX, ya se había iniciado el costoso tendido de cables submarinos para garantizar servicios telegráficos intercontinentales. Después de diversos intentos frustrados, en 1858 la compañía Anglo-American Telegraph tendió un cable de 3240 km entre Foilhommerum Bay, oeste de Irlanda, y Heart's Content, este de la

---

[23] https://www.futurity.org/how-the-us-civil-war-changed-journalism/. (Última consulta: 02-05-2022).

isla de Terranova (Canadá), logrando así la primera conexión telegráfica intercontinental.

Tras un proceso de fusión y absorción de diversas empresas telegráficas, Western Union, desde 1866, con Samuel Morse como accionista principal, se alzó con la hegemonía en el sector por espacio de 25 años, experimentando un notorio crecimiento. No obstante, tuvo que afrontar una voraz competencia, especialmente de un nuevo invento llamado «teléfono». Alexander Graham Bell formalizó su patente en 1876, describiendo el nuevo dispositivo como un «telégrafo parlante». Bell ofreció a Western Union la transferencia de dicha patente por 100.000 dólares, pero Morse se negó a comprarla, y apostó por uno de sus investigadores más conspicuos, Thomas Alba Edison.

Antes de la invención de la lámpara de incandescencia, Edison había diseñado y patentado un teléfono de características superiores al ideado por Bell, al incorporar un micrófono de carbón alimentado por una batería. De hecho, dos años más tarde, los teléfonos de la Western Union doblaban en ventas a los de la Bell, pero no emulaban en alcance al telégrafo. El primitivo teléfono recibía y enviaba el sonido por un único transductor, y a cierta distancia no se distinguían las palabras por la atenuación de la señal. Por eso, Western Union, sin abandonar el terreno de la telefonía, apostaba como valor seguro por la telegrafía como canal universal de comunicación. Esto constituyó un colosal error, ya que el perfeccionamiento del teléfono de Bell y su conquista de los mercados internacionales coadyuvó a que las acciones de Western Union cayeran abruptamente. Graham Bell, como algunos de los grandes inventores y emprendedores, tuvo una clarividencia sorprendente: «Creo que, en el futuro, los hilos unirán las oficinas (centralitas) de las compañías de teléfonos en diferentes ciudades, y que un hombre en una parte del país podrá comunicarse con su voz con otro hombre en cualquier otro lugar»[24].

Estas circunstancias marcarían el desarrollo del monopolio de las telecomunicaciones en EE. UU., pasando Western Union a manos de Bell. La nueva compañía de teléfonos se convirtió en 1885 en American Telephone and Telegraph Company, y más tarde pasó a llamarse AT&T Corporation. En la actualidad, American Telephone & Telegraph es el conglomerado de telecomunicaciones más grande del mundo. Abarca un amplio catálogo de servicios, y lidera en EE. UU. la telefonía móvil y sus modalidades 4G y 5G, así como la telefonía fija. En 2021, ocupaba el undécimo lugar en la clasificación de Fortune de las 500 empresas con mayor facturación.

El telégrafo interconectó algunas de las principales ciudades del mundo universalizando su servicio. Esto puso de manifiesto la necesidad de acordar protocolos, normas y codificaciones comunes para establecer y generalizar una cultura de uso. Con este objetivo, en 1865, precedida de reuniones entre representantes de diversos países europeos, tuvo lugar en París la primera Conferencia Telegráfica

---

[24] De la Peña, José. *Historia de las telecomunicaciones*. Ariel (Barcelona, 2003). Pág. 49.

Internacional. Durante este evento se creó la Unión Telegráfica Internacional y se suscribió el convenio que regiría la telegrafía internacional, estableciendo «el uso del código Morse como alfabeto telegráfico internacional, la protección del secreto de la correspondencia y el derecho de toda persona a usar la telegrafía internacional... y el derecho de detener cualquier transmisión que consideraran peligrosa para la seguridad del Estado, o en violación de las leyes nacionales, el orden público o la moral»[25]. Participaron representantes de Austria y Hungría, Alemania, Bélgica, Dinamarca, España, Francia, Grecia, Italia, Holanda, Portugal, Noruega, Rusia, Suecia, Suiza y Turquía.

La telegrafía alámbrica pasaría paulatinamente a un segundo plano en la medida que la telegrafía sin hilos (T.S.H.), en los inicios del s. XX, multiplicaría las potencialidades de la primera, proyectando una cobertura mundial con costes sustancialmente menores. Y, además, supondría el nacimiento de la radio, el primer gran medio de comunicación de masas. La T.S.H., como muchos de los grandes inventos de la humanidad, compete a un notable grupo de científicos. Entre ellos, el físico George Francis FitzGerald (1851-1901), que teorizó por primera vez un método para producir ondas electromagnéticas y desarrolló la teoría de la Contracción de Lorentz–FitzGerald, que Einstein usó en su propia teoría de la relatividad. FitzGerald materializó que la generación de una corriente

---

[25] https://www.itu.int/en/history/Pages/PlenipotentiaryConferences.aspx?conf=4.1. (Última consulta: 06-05-2022).

41

eléctrica variable u oscilante producía ondas electromagnéticas. Este hecho fue corroborado por Heinrich Rudolph Hertz, descubridor en 1887 de las ondas electromagnéticas. Nikola Tesla, en 1893, realizó las primeras experiencias de telegrafía sin hilos; Guillermo Marconi emuló, algo después, a Tesla y perfeccionó el telégrafo inalámbrico; y los españoles Francesc Salvà i Campillo y Julio Cervera llevaron a cabo diversas experiencias radiotelegráficas pioneras.

El telégrafo sin hilos del Titanic, diseñado por Guillermo Marconi, salvó, gracias a sus mensajes de socorro, a 700 pasajeros de entre los más de 2000 que naufragaron con el trasatlántico, la noche del 14 de abril de 1912, cuando chocó con un iceberg. El Titanic navegaba desde Southampton (Inglaterra) hasta Nueva York (EE. UU.), en su viaje inaugural.

Del mismo modo que el telégrafo fue primordial en la guerra de secesión americana, la telegrafía por ondas hertzianas jugó un importante papel en la I Guerra Mundial, hasta el punto de que el Tratado de Versalles, suscrito por los vencedores con la Alemania derrotada, en su artículo 197 «prohibía a Alemania enviar noticias políticas desde Berlín (estaciones en Nauen y Königs Wusterhausen), así como desde Hannover (estación Eilvese) durante tres meses después de que el tratado entrara en vigor»[26]. Sin embargo, Alemania burló la prohibición emitiendo desde su estación de Norddeich, que

---

[26] https://encyclopedia.1914-1918-online.net/article/wireless_telegraphy. (Última consulta: 10-05-2022).

el artículo 197 no citaba. Los periódicos y las agencias informativas fueron algunos de los grandes usufructuarios del telégrafo sin hilos, multiplicando la inmediatez de sus contenidos. En la mayor parte de sus ediciones, junto al titular de la noticia figuraban las siglas TSH, cuando la información había sido comunicada al periódico a través de esta modalidad técnica.

Los puntos y rayas del código Morse conformaron el primer sistema binario de la historia utilizado masivamente para eventos comunicativos. Más tarde, la lógica binaria se aplicaría a circuitos electrónicos con válvulas de vacío para dispositivos de conmutación, dando lugar a la electrónica digital. La invención del transistor y posteriormente de los circuitos integrados, que alojan millones de componentes electrónicos en superficies de millonésimas de milímetro, supondría la entronización de la electrónica digital y las tecnologías inteligentes, antesala de la tecnología cuántica. Esta última, asociada a la IA, abrirá un nuevo capítulo de la humanidad.

Periodismo y contenidos audiovisuales en los medios analógicos

La noticia, conformada por un conjunto de ítems relevantes, es la unidad básica del discurso informativo y siempre adapta su estructura y formulación al soporte mediante la que es difundida. Los condicionantes del telégrafo punto a punto se superaron con el telégrafo mediante ondas hertzianas y mutaron con la invención de la radio. Fue el gran invento que diluyó fronteras, permeabilizó todas las capas sociales, informó, culturizó y amenizó las vidas de millones de seres humanos. El propio desarrollo de este medio, a partir de la segunda década del s. XX, no guarda parangón en su socialización con ningún otro. A ello contribuyó poderosamente la existencia de receptores de asombrosa simplicidad, que podían ser autoconstruidos, con un coste reducido, por los propios radioescuchas. Se trataba de dispositivos que detectaban y demodulaban la señal de las emisoras más potentes, con un fragmento de mineral de galena, y hacían posible su audición con auriculares. Durante un tiempo, estos ingenios coexistieron con el despliegue de una serie de receptores de precio elevado que acabaron consolidando el modelo de superheterodino a válvulas y, después, a transistores; vigente durante décadas hasta los actuales receptores SDR (radio definida por *software*) de tecnología enteramente digital.

A quienes experimentaban con receptores de detección por galena se les abría la posibilidad de avanzar en sus conocimientos de electrónica y construir receptores a válvulas con kits económicos y muy populares. Todo esto facilitó un amplio campo de experimentación, que conformó un colectivo que realizó aportaciones técnicas estimables. Parte de este colectivo pasó a nutrir un numeroso contingente de radioemisoristas o radioaficionados, que pusieron en valor un *hobby* científico. Sin constituirse en periodistas ciudadanos, hicieron posible una forma de comunicación todavía vigente, que hermanaba a personas de cualquier nacionalidad, religión, ideología o clase social. La instauración de leyes que preservaban y priorizaban el control de las ondas por parte de los estados impidió que cada oyente se convirtiera en informador o pudiera opinar libremente sobre la narrativa oficial. Un estatus que se mantuvo hasta la implosión del marco normativo —vigente durante seis décadas— por el impacto de internet y sus redes sociales.

Coincidiendo con el inicio de la década de 1960, se contabilizaban en todo el mundo más de 9000 emisoras de radio y 300 millones de receptores, según recogía *El Correo* de la UNESCO[27]. Fue el momento dorado de la radio, un medio que pervive con inusitado predicamento, pero con audiencias fragmentadas y lejos de las cifras que coronaron su reinado. En el citado boletín de la UNESCO se expresa lo que hasta finales de los 60 representó este medio: «El instrumento ideal para fomentar el libre intercambio de ideas y actitudes entre las naciones y los pueblos... La radio ha llegado a ser tan importante que los países del mundo han afirmado por medio de las Naciones Unidas y de la Unesco que la libertad de escuchar es un corolario esencial del derecho del hombre a la libertad de opinión e información»[28]. Como cualquier tecnología de alcance universal, la radio también suscitaba una preocupación ética: «La radio puede llegar a ser un instrumento de propaganda oficial tedioso y sectario, pero puede utilizarse también para presentar las noticias de una

---

[27] UNESCO (1959). *El Correo*, nº 9. Pág. 4.

[28] *Idem.*

45

manera imparcial y ayudar así al oyente a comprender los problemas de su tiempo»[29].

La información siempre ha sido consustancial a los contenidos difundidos por un medio de comunicación. La radio durante décadas mantuvo la primacía de la inmediatez para informar sobre todo tipo de acontecimientos de interés general. A lo sumo, esa capacidad rivalizaba con ediciones matutinas o vespertinas y tiradas especiales de periódicos que en ninguno de los casos podían competir con la instantaneidad de las ondas. Lo mismo sucedía con la televisión, aunque en menor grado, hasta la década de los 70 del s. XX. Paulatinamente, la prensa escrita amplió sus ventanas de opinión y reforzó el periodismo de investigación en sus redacciones. Esto sucedió a la vez que los informativos de televisión ganaban cuota de audiencia y desplazaban a los radiofónicos en el *prime time*.

Radio y televisión han establecido un lenguaje propio y una construcción informativa diferenciada, atendiendo a sus especificidades respectivas. En televisión, la incorporación de la imagen de la noticia y su relato sonoro deben fusionarse, evidenciándose la complejidad de aunar dos mensajes de naturaleza distinta. La «magia de la radio» o el «poder de la imagen» han sido conceptos que invariablemente se han utilizado para ponderar las fortalezas de cada uno de estos medios. Hoy las neurociencias revelan que las imágenes y el sonido son decodificadas por el cerebro,

---

[29] *Idem.*

siguiendo pautas comunes, pero rutas diferenciadas, y consumiendo tiempos distintos; procediendo, finalmente, a su unificación y sincronización dentro de unos márgenes de milisegundos.

Como es sabido, el sonido y la luz se propagan a velocidades muy distintas: 340 m por segundo y 300.000 km por segundo, respectivamente. Cuando un sonido y una imagen se generan en el mismo instante son percibidos por nuestros sentidos —visual y auditivo— como perfectamente sincrónicos. Sin embargo, el cerebro los procesa en diferentes circuitos neuronales y a diversas velocidades. Para ello, el cerebro realiza lo que se entiende por «recalibración temporal», alterando nuestro sentido del tiempo con el objeto de proceder a la sincronización de la doble percepción visual-auditiva. Esto se verifica en un proceso de continua recalibración. Según un estudio de Communications Biology: «Esta forma de recalibración temporal activa es una de las herramientas que utiliza el cerebro para evitar una percepción distorsionada o desconectada de la realidad y ayuda a establecer relaciones causales entre las imágenes y los sonidos que percibimos, a pesar de las diferentes velocidades físicas y de procesamiento neuronal»[30]. Los neurocientíficos del MIT han categorizado que el cerebro es capaz de procesar imágenes en tan solo 13 milisegundos, la mayor rapidez de detección de la que es capaz el ojo humano. La inmediatez visual en relación con la sonora genera un mayor impacto de la imagen sobre

---

[30] https://www.nature.com/articles/s42003-021-02087-0. (Última consulta: 11-05-2022).

47

las palabras: «Las imágenes desencadenan reacciones emocionales que ayudan a retener la información». Asimismo, cuando escuchamos una dramatización sonora, un rico repertorio simbólico se desarrolla a través de nuestras sinapsis cerebrales, sobreponiendo imágenes mentales a la percepción auditiva. Para investigadores de la Universidad de Stanford, «Las imágenes mentales son mucho más penetrantes en nuestra vida mental que simplemente visualizar. Ocurre en todas las modalidades de los sentidos y juega un papel crucial no solo en la percepción, sino también en la memoria, las emociones, el lenguaje, los deseos y la acción-ejecución. Incluso juega un papel importante en nuestro compromiso con las obras de arte»[31]. Antecediendo a estas investigaciones, el historiador y teórico de la comunicación, Armand Balsebre, en su definición del lenguaje radiofónico aporta un análisis coincidente: «Lenguaje radiofónico es el conjunto de formas sonoras y no sonoras representadas por los sistemas expresivos de la palabra, la música, los efectos sonoros y el silencio, cuya significación viene determinada por el conjunto de factores que caracterizan el proceso de percepción sonora e imaginativo-visual de los radioyentes»[32].

La inmediatez funcional, desde hace poco más de una década, es hoy idéntica en radio y televisión; las pesadas unidades móviles

---

[31] https://plato.stanford.edu/entries/mental-imagery/. (Última consulta: 13-05-2022).

[32] Balsebre, Armand. *El lenguaje radiofónico*. Cátedra (Madrid, 2007). Pág. 27.

televisivas de antaño o la compleja instalación de enlaces con los estudios han dado paso a dispositivos digitales que facilitan una conexión inmediata. Hasta ese momento, las unidades móviles de las emisoras de radio formaban un contingente característico que peinaba las zonas urbanas, trasladando a las ondas el pulso ciudadano, o realizando programas en directo desde la vía pública, buscando la participación ciudadana a través de un efecto escaparate.

La digitalización da sus primeros pasos en los medios audiovisuales a partir de los años noventa y cambia los conceptos que habían regido las radios y televisiones analógicas. Hasta entonces, los programas eran lineales y sincrónicos. Es decir, salvo que se grabara el programa y después se reprodujera selectivamente, la emisión en directo no permitía la reproducción asincrónica y no lineal, posibilidades que sí son inherentes a la tecnología digital. La red ofrece bajo demanda cualquier contenido de forma no lineal y asincrónica tras su conversión en bits. La grabación de un tema musical o de una serie de secuencias visuales y su posterior edición o remasterización tiene poco que ver con la labor artística en el antiguo cosmos analógico de los editores («montadores») de sonido con cinta magnética o de los operadores de cine.

Uno de los grandes artesanos de la producción discográfica, Phil Spector, fallecido en 2021, creo el «muro sonoro» en la década de los 60. Un portento analógico que hacía posible producir obras musicales cuyo resultado final no tan solo no diferiría de cualquier sofisticada edición digital, sino que la superaría teniendo en cuenta la distorsión de muestreo. El muro de sonido se producía en un estudio repleto de músicos e instrumentos y una gran cantidad de micrófonos elevados, que captaban las notas y las introducían en una cámara de eco ubicada en un sótano, repleto también de micrófonos y altavoces. Allí, tras diversas retroalimentaciones verificadas por Spector, se extraía el audio final y se registraba en cinta con un magnetófono Ampex 350, de gran calidad y sensibilidad de registro. Este grabador tenía tres canales y permitía el acceso remoto a sus controles.

Stan Ross, ingeniero de sonido de Spector, describía así el proceso: «Las cámaras de eco nunca hicieron que el sonido fuera aceptable; mejoraron el sonido, pero el hecho de que la sala estuviera llena de músicos, y era una sala pequeña, rebotó todo alrededor... Así se obtuvo este sonido que era una pared, era una saturación de la habitación. Lo teníamos todo fusionado en la habitación. Y, por supuesto, hubo otro ingrediente que lo convirtió en el muro de sonido... Phil Spector»[33]. Tan genial como iracundo —cumplió una condena por asesinato—, Spector fue el artífice, entre grandes títulos, de la grabación de *Let it Be* (1970), de los Beatles, y marcó un antes y un después en la historia de la música pop.

Observamos, pues, que, para elaborar respuestas coherentes a los estímulos sonoros y visuales, así como para aunar ambos, el cerebro

---

[33] https://faroutmagazine.co.uk/phil-spectors-wall-of-sound-technique/. (Última consulta: 12-05-2022).

realiza una recalibración permanente. El procesamiento de señales de audio y vídeo digitales sigue complejos itinerarios y mecanismos cerebrales con un denominador común: «engañar» a nuestros sentidos. Como veremos en los capítulos correspondientes, esta última condición bien cabría inscribirla en la tercera ley de Clarke: «Cualquier tecnología suficientemente avanzada es indistinguible de la magia». El enunciado de Arthur C. Clarke, escritor de ciencia ficción y futurista británico, coguionista del film de culto *2001: Una odisea en el espacio,* apareció en una nota a pie de página de la edición revisada de 1973 de su libro *Perfiles del futuro*[34]. En esa misma edición se explicita la segunda ley de Clarke, que esbozó el escritor junto a la primera ley[35] en la edición de 1962. Las tres leyes de Arthur C. Clarke constituyen un cierto homenaje a Isaac Newton y sus tres leyes de la termodinámica.

La tercera ley de Clarke es premonitoria de las consecuencias sensoriales que suponen algunos de los últimos avances en tecnología virtual 3D que desembocarán en el metaverso: una apuesta tecnológica de las corporaciones que situará al ser humano

---

[34] Clarke, Arthur C. *Perfiles del futuro.* Caralt (Barcelona, 1977).

[35] Primera ley: «Cuando un científico, ya anciano (en sentido irónico de más de treinta años) y famoso, afirma que algo es posible, probablemente esté en lo correcto. Pero, cuando dice que es imposible, lo más probable es que se equivoque».

Segunda ley: «La única manera de encontrar los límites de lo posible es yendo más allá de esos mismos límites, y adentrarse en lo que creemos imposible».

51

en una esfera virtual donde traslade su quehacer diario, educación, cultura, información, trabajo, asistencia médica, ocio y relaciones afectivas.

El Nuevo Periodismo y su aportación literaria

Los periódicos y el periodismo impreso evolucionaron a lo largo del s. XX en competencia con la radio y la televisión; pero desde principios del año 2000 lo han hecho en consonancia con un nuevo ecosistema mediático. El liderazgo y la penetración social de la televisión en los años 60 en EE. UU. precipita experiencias innovadoras de periodismo literario, que pasan a denominarse «Nuevo Periodismo». Sin embargo, la eclosión de la literatura —o, más propiamente dicho, de escritores de ficción en prensa diaria y revistas— tiene sus antecedentes en el periodismo de principios del s. XX.

Así lo subrayaba uno de los exponentes destacados del Nuevo Periodismo contemporáneo en España, Francisco Umbral: «En Europa teníamos mucho de eso, pero volvimos a inventar lo que ya había en casa, mimetizando siempre a los Estados Unidos. Baudelaire, Zola, Larra en España, Bonafux, todo el 98, Marcel Proust, Pasolini en Italia, Ortega y Eugeni d'Ors»[36]. De hecho, a Umbral le gustaba que lo definieran como «un escritor que escribe en periódicos». En el discurso que Francisco Umbral pronunció en la Universidad Complutense de Madrid (UCM) al serle concedida la

---

[36] El Mundo, 1995-04-10, Fundación Francisco Umbral | Web Oficial (fundacionfranciscoumbral.es. (Última consulta: 13-06-2022).

distinción de doctor *honoris causa*, en diciembre de 1999, afirmaba que «No podemos seguir dudando de la dignidad literaria del género... Hay que pulsar este género literario como el solo de violín del periodismo, como un soneto con sus reglas y medidas... El periodismo literario está incardinado en la maquinaria más íntima del periódico»[37].

Pío Baroja, perteneciente a la generación del 98, que citaba Umbral, y el escritor británico George Orwell (Eric Blair), son dos autores que destilan una marcada simbiosis entre creación literaria y relato periodístico. A ambos podemos situarlos en la génesis del periodismo literario de principios de siglo y de los años treinta, respectivamente, que después cultivaría un amplio movimiento de escritores, en los años sesenta y setenta, con epicentro en EE. UU. Los escritores que se mencionan en este epígrafe no agotan, por supuesto, la nómina de quienes pueden ser considerados precursores y actores del Nuevo Periodismo, pero sí son una muestra significativa.

Baroja era de adscripción política algo ambigua, pero más inclinado hacia un anarquismo humanista desafecto a la violencia. No hay que olvidar su amistad con Buenaventura Durruti, certificada en su visita a la cárcel del Populo de Sevilla en la primavera de 1933, cuando el líder anarquista había sido acusado en aquel trance de un delito de opinión. Tras el encuentro con Durruti, Baroja publicó en el periódico *Ahora* un artículo titulado «Latifundio y comunismo», el 23 de abril

---

[37] Agencia EFE, 2-12-1999.

53

de 1933, en el que concluía: «Quién sabe si lo que propugnan estos hombres, en vez de ser lo utópico del futuro, sea en Andalucía algo ancestral y tradicional».

En *La lucha por la vida*, la trilogía de Baroja que fascinó a Ernest Hemingway[38], compuesta por *La busca, Mala hierba* y *Aurora roja,* el escritor vasco articula una representación social y política de la España de la Restauración, coincidiendo con la coronación de Alfonso XIII, el 17 de mayo de 1902. Y lo hace en un escorzo de crónica descriptiva, periodística y literaria, tal como dimana del relato del atentado perpetrado por Santiago Salvador Franch, autor del lanzamiento de dos bombas sobre la platea del Teatro del Liceo de Barcelona, el 7 de noviembre de 1893, de las que solo explotó una, pero con un resultado trágico: «Yo estaba atento a que saliera la gente [comenta Skopos, anarquista platónico que casualmente estaba en el Liceo] cuando oigo una detonación sorda… Aquello era imponente; en el teatro, grande, lleno de luz, se veían los cuerpos rígidos, con la cabeza abierta, llenos de sangre; otros, estaban dando las últimas boqueadas. Había heridos gritando y la mar de señoras desmayadas, y una niña de diez o doce años muerta… —No comprendo cómo se puede tener simpatía por

---

[38] Hemingway visitó a Baroja en su lecho mortuorio, en el otoño de 1956, y le expresó su reconocimiento: «Usted ha sido el maestro para muchos jóvenes y yo he aprendido, como muchos jóvenes, de usted, y yo estoy seguro de que usted hubiera merecido antes el Premio Nobel». ABC: https://www.abc.es/archivo/abci-verdad-sobre-triste-visita-hemingway-baroja-lecho-muerte-y-viene-202106250022_noticia.html. (Última consulta: 06-08-2023).

hombres así —dijo Manuel [alter ego de Pío Baroja] refiriéndose al autor del atentado. Mientras estuvo preso —siguió Skopos—, los jesuitas le protegieron, y allí anduvo un padre Goberna solicitando el indulto. Las señoras de la aristocracia se interesaron también por él, y él se figuraba que le iban a indultar... Pero cuando le metieron en capilla y vio que el indulto no venía, se desenmascaró, y dijo que su conversión era una filfa»[39]. Los ítems apuntados por Baroja forman parte del sumario judicial del atentado y constituyen el armazón del relato de no ficción que el escritor articula con precisión periodística.

Tras el alzamiento sedicioso de las tropas de Franco contra la II República, que provoca la Guerra Civil española, George Orwell objetiva en primera persona los acontecimientos históricos que ocurren en la Barcelona convulsa de 1937, azotada por una disputa fratricida de anarquistas y trotskistas frente a las milicias comunistas en plena contienda. Las vivencias y el análisis político de Orwell —profundamente antiautoritario y de aversión confesa a la antigua Unión Soviética— organizan los contenidos de un relato en primera persona de una fuerza narrativa excelsa, considerado por Noam Chomsky entre sus más apreciados. No debe olvidarse el asesinato en aquellas fechas en Barcelona del brillante teórico del anarquismo solidario Camilo Berneri. Este italiano, que influiría sobre destacados libertarios españoles como Salvador Seguí, Joan Peiró o Ángel Pestaña, abogaba por un anarquismo humanista —en sintonía con su gran

---

[39] Baroja, Pío. *La lucha por la vida.* Círculo de Lectores (Barcelona, 1970). Pág. 486 y 487.

referente Piotr Kropotkin— emancipador y exento de violencia: «Si soy optimista es porque no creo en la bestia humana. Creo que, en todas las almas, incluso en la más tenebrosa, hay un poco de calor escondido... Por lo que el progreso humano será el resultado de la fusión de las clases al igual que el universalismo será el resultado de la fusión de los pueblos y de las razas»[40].

Orwell se sentía próximo al Partido Laborista Independiente inglés, razón por la que decidió alistarse en las milicias del POUM, Partido Obrero de Unificación Marxista, al mantener ambas fuerzas políticas una estrecha colaboración en la órbita del trotskismo. Trotski abjuraba del «socialismo en un solo país» que postulaba Stalin, y se inclinaba por la internacionalización de la revolución, considerando el nacionalismo como una construcción reaccionaria. Andreu Nin, líder del POUM, y Trotski serían asesinados —como lo fue Camilo Berneri— por agentes soviéticos a las órdenes de Stalin.

Las vivencias de Orwell en Cataluña y Aragón durante la Guerra Civil española reafirmarían su acendrado antiautoritarismo y un indisimulado afecto por los resistentes españoles. Serían la antesala de *1984,* considerada entre las narraciones más sobresalientes del pasado siglo. En *Homenaje a Cataluña*, Orwell describe su experiencia personal durante el conflicto, donde la división y los enfrentamientos en el bando republicano crean un ambiente

---

[40] Berneli, Carmelo. *Humanismo y anarquismo*. Los Libros de la Catarata (1998). Pág. 124.

irrespirable: «Nadie que estuviese en Barcelona por aquel entonces o en los meses siguientes olvidará el clima tan horrible que produjeron el temor, la sospecha, el odio, los periódicos censurados, las cárceles atestadas, las largas colas para comprar comida y los grupos de hombres armados que recorrían las calles»[41]. George Orwell confiesa hasta qué extremo estaba sumido en una crisis vivencial en aquellas duras condiciones para la existencia de cualquier ser humano: «La larga pesadilla de los combates, el ruido, la falta de sueño y de comida, la mezcla de tensión y aburrimiento mientras estaba en la azotea pensando que en cualquier momento podían dispararme u obligarme a abrir fuego, me habían dejado los nervios destrozados. Había llegado al punto de que, cada vez que oía dar un portazo, echaba mano a la pistola»[42]. Orwell es demoledor respecto a la prensa de adscripción comunista que se publicaba en Barcelona durante la contienda: «Los periódicos del PSUC no sufrían censura y publicaban artículos incendiarios exigiendo la supresión del POUM. Se afirmó que el POUM era una organización fascista encubierta, y los agentes del PSUC hicieron circular una caricatura que representaba al POUM como una figura que se quitaba una máscara marcada con el martillo y la hoz y revelaba un rostro horrible y desquiciado»[43].

---

[41] Orwell, George. *Homenaje a Cataluña*. Penguin Random House Grupo Editorial España (2021). Pág. 150.

[42] *Ibid.*, pág. 148

[43] *Ibid.*, pág. 146.

George Orwell, más adelante, realiza un análisis político sin concesiones del complejo rompecabezas que constituyen las pugnas ideológicas y las diferencias estratégicas en la retaguardia: «El único rasgo imprevisto en la situación española —y que ha causado un sinfín de malentendidos fuera de España— es que, entre los partidos del bando gubernamental, los comunistas no eran la extrema izquierda sino la extrema derecha»[44]. Orwell concluye que «a partir de febrero de 1937, los anarquistas y el POUM casi podían ser metidos en el mismo saco. Si los anarquistas, el POUM y el ala izquierda de los socialistas hubiesen tenido el sentido común de aliarse desde el principio y presionar en pro de una política realista, el curso de la guerra habría sido muy diferente»[45]. Del mismo modo, el escritor británico fija su foco crítico sobre el relato falaz de la prensa de ambos bandos: «Uno de los efectos peores que ha tenido esta guerra ha sido convencerme de que la prensa de izquierdas es tan falsa y poco honrada como la de derechas... Apenas habían empezado los combates cuando los periódicos de izquierdas y de derechas se hundieron en el mismo pozo negro de mentiras»[46].

Homenaje a Cataluña, uno de los libros más vendidos sobre la Guerra Civil española, ha sido objeto de críticas extemporáneas por parte de algunos historiadores, fruto en mayor grado del sesgo ideológico que exhiben que del necesario conocimiento del objeto que juzgan. Se

---

[44] *Ibid.* Pág. 217-218.

[45] *Ibid.* Pág. 223.

[46] *Ibid.* Pág. 227.

trata de un relato literario de no ficción, vivencial, experimentado en carne propia por el autor, publicado en 1938, cuando todavía resultaba incierto qué bando sería el vencedor. No es un análisis historiográfico, a pesar de que, en el mismo, brillan pasajes y valoraciones ausentes en los trabajos de historiadores expertos que nunca pisaron el campo de batalla. *Homenaje a Cataluña* y George Orwell figuran en un lugar destacado de la antología de los precursores del Nuevo Periodismo, según el National Book Critics Circle (NBCC) de New York[47].

Tom Wolfe fue uno de los autores referenciales del Nuevo Periodismo a partir de la década de los sesenta. Dio sus primeros pasos profesionales en *The Washington Post*, en 1956, para más tarde incorporarse al *New York Herald Tribune*. En este último periódico coincidió con el escritor y columnista Jimmy Breslin, que sería premio Pulitzer en 1986. Breslin fue un escritor social preocupado por la gente común, imbuido de creatividad y pasión en sus artículos, que también puede englobarse entre los creadores del Nuevo Periodismo.

Wolf fundamentó en gran medida las bases del Nuevo Periodismo y desterró la idea de que la principal función del reportaje fuera servir de contrapunto o complemento a la noticia. Así, en ese nuevo género periodístico la variable de la inmediatez ocupaba un lugar subsidiario.

---

[47] https://www.bookcritics.org/2012/05/11/new-journalism-precursors-edition-capote-west-mitchell-and-orwell/. (Última consulta: 27-06-2022).

Por eso, el propio Wolf afirmaba que «si un periodista aspiraba al rango literario... mejor que tuviese el sentido común y el valor de abandonar la prensa popular e intentar subir a la primera división»[48]. Según Wolfe, los nuevos periodistas partían de referentes de la talla de Balzac o Dickens en la aprehensión de las técnicas del realismo literario. Wolf resumía en cuatro fases el proceso de creación en el Nuevo Periodismo[49]:

- Construcción escena-por-escena, contando la historia saltando de una escena a otra y recurriendo lo menos posible a la mera narración histórica.

- Ser testigos de escenas de la vida de otras personas a medida que se producían... y registrar el diálogo en su totalidad. El diálogo realista capta al lector mejor que cualquier otro procedimiento.

- Punto de vista en tercera persona... para dar la sensación al lector de estar metido en la piel del personaje y experimentar su misma realidad emotiva.

- Relación de gestos cotidianos, hábitos, modales, costumbres, estilos de mobiliario, de vestir, de decorar, modos de comportamiento... miradas, estilos de andar... y simbólicos del estatus de vida de las personas.

---

[48] Wolfe, Tom. *El nuevo periodismo*. Anagrama, (Barcelona, 1976). Pág. 17.
[49] *Idem.* Pág. 50-51.

Tom Wolfe, Truman Capote y Gay Talese fueron los principales impulsores del Nuevo Periodismo en lengua inglesa, mientras que Gabriel García Márquez hizo lo propio en español. Comentamos dos narraciones entre las de mayor calidad y también controversia, por razones diferentes, que caracterizaron el Nuevo Periodismo del pasado siglo: *A sangre fría,* de Truman Capote, y *Relato de un náufrago*, de Gabriel García Márquez.

A sangre fría narra la historia del asesinato de la familia Clutter en Holcomb (Kansas), en 1959. Fue la última de las grandes novelas del escritor norteamericano, precedida de *Desayuno con diamantes.* Los dos relatos fueron llevados al cine, con particular éxito de este último. *A sangre fría* se publicó inicialmente en cuatro entregas en la revista *The New Yorker*, para después ser editada en formato de novela en 1965. *A sangre fría* fue el resultado de casi seis años de investigación de campo y elaboración literaria, un trabajo extenuante, según reconoció Capote. Es considerada una obra maestra, que sin embargo generó polémicas posteriores.

Dick Hickock y Perry Smith, dos delincuentes vulgares, matan brutalmente a la familia Clutter sin móvil aparente, desplegando una violencia brutal. Sus integrantes aparecen asesinados a tiros y maniatados. La intención de los malhechores era hacerse con un botín que resultó inexistente, falsamente aireado por otro recluso que había coincidido con ellos en una de sus estancias en la cárcel. Finalmente, tras un periplo en México que Capote también documenta, Hickock y Smith serían juzgados y condenados a la horca.

El último periodista

En *The New Yorker*, el 25 de septiembre de 1965, encabezando la primera de las cuatro entregas de *A sangre fría*, podía leerse: «Todas las citas en este artículo se tomaron de registros oficiales o de conversaciones, transcritas textualmente, entre el autor y los editores»[50]. Sin embargo, se trataba más de un eslogan publicitario que del aval de la total fidelidad del relato. En este sentido, el escritor y periodista norteamericano Ben Yagoda ha cuestionado la precisión de la novela tal como se publicitó —con el reclamo aludido— cuando salió a la venta. Un artículo del *Wall Street Journal*[51], en 2013, citado por Yagoda, apuntaba a que la Oficina de Investigación de Kansas esperó cinco días antes de dar seguimiento a lo que resultó ser la pista crucial del caso, en lugar de hacerlo de inmediato, como escribió Capote. Se tuvo también constancia de que determinadas conversaciones que se reproducen en el libro fueron recreadas por Capote en un ejercicio memorístico, al no tener las transcripciones.

Lo anterior no desmerece la extraordinaria calidad literaria de *A sangre fría*, pero sí evidencia el gaseoso concepto de objetividad, desterrado hoy de un buen número de códigos deontológicos y manuales de estilo de medios escritos y audiovisuales. Sin embargo, si concebimos la objetividad como el control crítico de nuestra propia subjetividad, estaremos obligados a realizar un ejercicio de

---

[50] https://www.newyorker.com/magazine/1965/09/25/in-cold-blood-the-last-to-see-them-alive#ixzz2M6igKgqO. (Última consulta: 30-06-2022).

[51] https://www.wsj.com/articles/SB100014241278873239519045782903416004113984. (Última consulta: 30-06-2022).

honestidad, amén de contrarrestar los sesgos cognitivos que condicionan a un periodista como a cualquier otra persona. El que fuera director de *The Wasinghton Post*, Martin Baron, defiende sin fisuras el concepto de objetividad: «Y hoy, en una era de desinformación, desinformación y teorías de la conspiración chifladas que envenenan nuestra política y amenazan la salud pública, pedimos con razón a los líderes de todo tipo que respondan a la "realidad objetiva", o lo que comúnmente llamamos verdad... La mayoría del público, según mi experiencia, espera que mi profesión también sea objetiva»[52].

La otra gran figura del Nuevo Periodismo en lengua castellana fue el colombiano Gabriel García Márquez, que antes de irrumpir en la élite de la literatura universal y ser distinguido con el premio Nobel, en 1982, realizó una sublime narración periodística titulada *Relato de un náufrago*, sirviéndose de las técnicas más características de la novela. Vio la luz en el mes de marzo de 1955, en sucesivas entregas durante 14 días, que fueron difundidas por el diario *El espectador* de Bogotá, doblando su tirada. Años después, coincidiendo con la fecunda estancia del escritor durante más de un lustro en la Barcelona cosmopolita de la década de los 70, Editorial Tusquets publicó la historia en formato libro, prologado por el propio García Márquez. En su portada resume magistralmente el contenido de la narración:

---

[52] https://www.washingtonpost.com/opinions/2023/03/24/journalism-objectivity-trump-misinformation-marty-baron/. (Última consulta: 25-05-2023).

«Relato de un náufrago que estuvo diez días a la deriva en una balsa sin comer ni beber, que fue proclamado héroe de la patria, besado por las reinas de la belleza y hecho rico por la publicidad, y luego aborrecido por el gobierno y olvidado para siempre»[53].

A modo de prólogo, García Márquez, bajo el epígrafe *La historia de la historia*, revela la génesis de su publicación y las peripecias del náufrago, primero héroe y después villano. Luis Alejandro Velasco era el protagonista, el único marinero que salvó la vida, y apareció agonizante en una playa desierta situada al norte de Colombia: «Lo que no sabíamos ni el náufrago ni yo cuando tratábamos de reconstruir minuto a minuto su aventura era que aquel rastreo agotador había de conducirnos a una nueva aventura que causó un cierto revuelo en el país, que a él le costó su gloria y su carrera y que a mí pudo costarme el pellejo»[54]. El país estaba gobernado por el dictador Gustavo Rojas Pinilla, que se había distinguido por una matanza de estudiantes en Bogotá y el asesinato selectivo de quienes en la plaza de toros de la capital abuchearon a su hija.

El náufrago transmutado en héroe nacional se convirtió durante un tiempo en uno de los personajes más admirados de Colombia: «Había sido condecorado, había hecho discursos patrióticos por radio, lo habían mostrado en la televisión como ejemplo de las generaciones futuras, y lo habían paseado entre flores y músicas por medio país

---

[53] García Márquez, Gabriel. *Relato de un náufrago.* Pág. 1. [Archivo PDF]. *relato-de-un-naufrago.pdf. (Última consulta: 01-07-2022).

[54] *Ibid.* Pág. 2.

para que firmara autógrafos y lo besaran las reinas de la belleza»[55]. La historia, por voluntad expresa de García Márquez, fue contada en primera persona y firmada por el náufrago, Luis Alejandro Velasco. Según el escritor colombiano, Velasco tenía una gran capacidad para narrar y «una memoria asombrosa», por lo cual consideraba justo que firmara la historia. El punto culminante del relato es el momento en que el marinero niega que hubiera existido una tormenta y afirma que la causa real del naufragio había sido «que la nave dio un bandazo por el viento en la mar gruesa, se soltó la carga mal estibada en cubierta, y los ocho marineros cayeron al mar»[56].

De esta circunstancia se deducía que el barco, un destructor sobre el que pesaba la prohibición expresa de portar carga, en realidad trasladaba un cargamento de contrabando, compuesto, según se supo más tarde, por neveras, televisores y lavadoras. El gobierno colombiano se despachó con una nota oficial en la que desmentía lo publicado. Pero el periódico se reafirmó en la veracidad de la historia, recrudeciendo la tensa oposición que le enfrentaba al gobierno autocrático de Diaz Pinilla. Tiempo después, el antiguo héroe nacional Luis Alejandro Velasco, caído en el ostracismo, fue visto detrás de un escritorio en una empresa de autobuses de Bogotá.

Etiquetado como un subgénero del Nuevo Periodismo, el Periodismo Gonzo, cuyo principal exponente fue Hunter Stockton Thompson, se

---

[55] *Ibid.*

[56] *Ibid.*

significa por una actitud que trasciende lo subjetivo hasta involucrar al periodista en la misma trama de los hechos; de los que la violencia, el alcohol y otras drogas son siempre inmanentes. H. S. Thomson escribió el libro *Los ángeles del infierno*, tras una larga convivencia con una cuadrilla de motoristas con la misma denominación, que se extenderían por diversos países en todo el mundo. La pátina contracultural que mostraban no los eximía de su principal motivación, que era sembrar a su paso la violencia en todas las modalidades inimaginables: crímenes, violaciones, tráfico de drogas, extorsión… Thompson estuvo a punto de perder la vida bajo la violencia de este grupo de motoristas, que lo acusaron de lucrarse con sus vivencias y aprovecharse de ellos.

La historia de Los Ángeles del Infierno fue llevada al cine, en 1966, con la película del mismo título, dirigida por Roger Corman y protagonizada por Henry Fonda, Jack Nicholson, Bruce Dern y Nancy Sinatra. En el film participó Sony Barger, líder de la pandilla, fallecido de un cáncer hepático en 2022. Barger pasó en la cárcel 13 años, acusado de diversos delitos, y fue arrestado en una veintena de ocasiones. Los Rolling Stones, en diciembre de 1969, en un concierto en Altamont, California, delegaron la seguridad en Los Ángeles del Infierno. Fue una decisión infausta, que acabó con la muerte por apuñalamiento de uno de los asistentes, Meredith Hunter, de 18 años, víctima de uno de los miembros de la banda.

El Nuevo Periodismo se ha proyectado sobre diversas generaciones de periodistas hasta llegar a la actualidad: Javier Cercas, Jordi Amat o

Manuel Jabois son en España ejemplos notables. El Nuevo Periodismo trascendió la prensa y los libros para influir visiblemente en la televisión —también en la radio— alterando el tratamiento convencional de los contenidos, la formalidad en la realización y propiciando el maridaje de géneros. Los *podcasts* sonoros y los vídeo-*podcasts* son modalidades que contribuyen a una renovación del audiovisual no ajena a la corriente de nuevos periodistas. Se trata de aportaciones que han transformado los contenidos y las rutinas de realización y producción de los medios. El reportaje radiofónico, ausente de las parrillas de la radio convencional las últimas décadas, vive un auge insospechado con los *podcasts* sonoros. *Podium podcast*, de la cadena SER, plataforma de contenidos no lineales creada en 2016, es uno de los ejemplos más notorios.

Periodismo digital, información en la red

Las posibilidades que ofrecía la tecnología digital a las redacciones de los medios escritos y audiovisuales se evidenciaron en los inicios de los años ochenta, cuando los primeros PC comenzaron paulatinamente a sustituir las máquinas de escribir convencionales. Pocos intuyeron entonces que la tecnología digital transformaría la profesión periodística, la naturaleza de los medios y sus contenidos, los hábitos de consumo de las audiencias y las legislaciones audiovisuales. Lo que en un principio confería rapidez, automatismos, procesamiento y almacenamiento inmediatos mutó décadas más tarde en una despersonalización de la función del periodista, cuyo culmen ha sido la irrupción de los *chatbots* GPT.

Pero, con anterioridad, la utilización de robots en las redacciones ya había comenzado en grandes medios; se justifica porque desplaza y facilita el trabajo más creativo de los redactores. Sin embargo, el periodismo de datos conferido a robots pone en cuestión la credibilidad y la solvencia que son avaladas con la firma de un periodista.

Internet creó, a partir de los años 90, un nuevo espacio público, trasmutando para siempre la unicidad de los contenidos periodísticos y entronizando las preferencias de búsqueda, categorizándolas en ecuaciones matemáticas, es decir, en algoritmos. De este modo, el medio —como cualquier empresa en red— compila una extensa lista de preferencias, que retroalimenta dirigiendo la navegación del usuario de forma condicionada. Los propios buscadores y las redes sociales conocen la «ideología» del consumidor, y seleccionan medios y contenidos alimentando una polarización que expulsa cualquier atisbo de pluralismo. Asimismo, las actualizaciones en línea de las páginas de noticias responden en buena medida a cambios más o menos sutiles de titulares y de su emplazamiento en la pantalla. De ese modo, se mantiene la navegación del usuario durante el mayor tiempo posible, sumando clics y conformando un bucle informativo imperfecto jalonado por la publicidad.

El clic percute cada vez más con el *clickbait* (cebo para clics), una práctica a partir de titulares sensacionalistas que impelen al usuario, emocionalmente o por curiosidad, a clicar mecánicamente sobre ellos y realizar un recorrido plagado de publicidad intercalada. Un buen número de webs fundamentan sus ingresos en esta operativa y ejercen una influencia perjudicial sobre otras ajustadas a prácticas y contenidos rigurosos. Producir información contrastada e independiente es costoso; lo contrario es la explotación del *clickbait*. Este mecanismo supedita la presentación y contenido de una información a la hipercomercialización del medio en la red, sirviéndose de argucias que no son sino una burda forma de manipular. El *clickbait* está erosionando el concepto de información y de noticia, subvirtiendo su estructura y desjerarquizando su contenido. El trabajo de quienes diseñan los «recorridos» del *clickbait* se traslada a la IA. Diseccionar y manipular la curiosidad del usuario, utilizando recursos lingüísticos, prosódicos y videofofotográficos a partir de algoritmos *ad hoc*, resulta una tarea sencilla para la IA generativa.

Lo que comenzó con un aparente empoderamiento de la ciudadanía, más tarde se diluiría en uno de los fenómenos de mayor sumisión colectiva: la enajenación de nuestra privacidad a cambio del disfrute «gratuito» de servicios en la red y el uso de terminales domésticos, encumbrando el teléfono móvil en nuestras vidas. Las redes sociales, desde la segunda década de 2000, son el epicentro de una forma de relacionarse que desplaza el contacto físico, sustituyéndolo por la omnipresencia de las pantallas. Contenidos de cualquier tipo y relaciones interpersonales diversas se insieren en una connivencia asombrosa y una legitimación sin precedentes.

El último periodista

La irrupción de los *streamers, a* partir de 2019, ha convulsionado a los medios tradicionales. El *streamer* realiza trasmisiones de contenidos en *streaming*, conectando en directo con seguidores y amigos utilizando cualquier plataforma de internet. Después, los contenidos que genera pasan a formar parte de un menú asincrónico, que se puede seguir de forma diferida y no lineal. La diferencia respecto a un *influencer* es que este último, generalmente, actúa como predictor de una marca, de sus propios conocimientos o de sus puntos de vista como figura de autoridad.

Luis Enrique, futbolista que militara en el Real Madrid y en el F.C. Barcelona, exseleccionador español, reconvertido en *streamer* en el verano de 2022, es una persona honesta a carta cabal, pero refractaria en extremo a dar cuenta de su gestión a los periodistas y someterse a su crítica. Del mismo modo que hacen los futbolistas de élite, prácticamente todos los que militan en equipos de Primera División rehúsan el contacto directo con la prensa, salvo con algunos periodistas amigos. Lo que empezó hace unos años como algo individualizado o aislado es hoy práctica común. El periodismo deportivo radiofónico con espacios que en la medianoche reúnen a millones de espectadores, salvo excepciones contadas, tiene poco que ver con el que desplegó José María García entre 1963 y 2002. Hoy la pleitesía se ha impuesto no solo a la crítica mordaz, sino a la simple discrepancia, a años luz de la fiscalización de la actualidad deportiva que caracterizaba a García.

70

Se trata de un fenómeno que amenaza con cerrar un círculo imperfecto con actores que asumen al unísono el papel de protagonistas y de mediadores; utilizan exclusivamente los recursos que ofrece la red y, además, obtienen estimables beneficios económicos. Luis Enrique, convertido en el *streamer* luisenrique21, en el fallido mundial de España en Qatar 2022 ofrecía a sus seguidores en Twitch una visión amable, dialogante y empática muy distinta a la que trasmitía en los medios tradicionales, que generó la atención de más de 150.000 usuarios por sesión y con las que recolectaba entre 6000 y 7000 euros, según Vanitatis El Confidencial[57]. Fue una recaudación considerable que donó solidariamente a una organización para enfermos oncológicos. El exseleccionador emulaba como *streamer* al que fuera jugador de F.C. Barcelona, Gerard Piqué, que mantiene un cordón umbilical con las redes, al igual que otros futbolistas en activo o retirados como Iker Casillas. Sin embargo, hay una cuestión a objetar: Luis Enrique seleccionaba a conveniencia las preguntas que respondía, lo que ayudaba a generar una corriente de simpatía hacia su persona y benevolencia en la valoración de su ejecutoria como entrenador.

Ibai Llanos es un sobresaliente *streamer* y *youtuber*, uno de los más populares, con más de 11 millones de seguidores en Twitch y por encima de los 9 millones en YouTube. Amigo de Gerard Piqué, apareció en la revista Forbes en 2021, entre las personas más

---

[57] https://www.vanitatis.elconfidencial.com/famosos/2022-12-01/luis-enrique-exito-en-redes-sociales-cifras-twitch-twitter-insta_3533353/.

influyentes en España. Llanos acredita una prolífica y exitosa trayectoria en redes, que destaca por su faceta como creador de contenidos y comentarista deportivo. Llanos simboliza el desplazamiento del periodismo convencional a las redes. Lionel Messi, uno de los mejores jugadores de la historia del fútbol, reservó a Ibai llanos una silla en la cena de su despedida del F.C. Barcelona, solo compartida con su amigo Sergio Agüero, futbolista de élite, y el afamado *streamer* argentino Martín Pérez di Salvo.

El caso de Ibai Llanos ilustra un ecosistema en auge imparable, que pasará de generar en el mercado global 250.000 millones de dólares, en 2023, a 480.000 millones en 2027, según Goldman Sachs. Una encuesta encargada por esta consultora arroja que los actuales 50 millones de creadores globales crecerán a una tasa del 10 al 20 % durante los próximos cinco años: «Los creadores obtienen ingresos principalmente a través de acuerdos directos de marca para presentar productos como personas influyentes; a través de una parte de los ingresos publicitarios con la plataforma anfitriona; y a través de suscripciones, donaciones y otras formas de pago directo de los seguidores»[58]. Así, los acuerdos con marcas son la principal fuente de sus ingresos, alrededor del 70 %, según datos del citado estudio.

---

[58] https://www.goldmansachs.com/intelligence/pages/the-creator-economy-could-approach-half-a-trillion-dollars-by-2027.html. (Última consulta: 27-08-2023).

Si extrapolamos al conjunto de los medios la forma de construir el discurso informativo en redes por los creadores de contenido, encontramos ciertos paralelismos. Paradójicamente, lo apreciamos incluso en ruedas de prensa de primer nivel: filtrado de los periodistas que intervienen y de las preguntas e, incluso, cuestiones inducidas por encargo para que sean respondidas atendiendo al discurso oficial o corporativo. El periodismo ejercido con responsabilidad e independencia siempre es incómodo. En democracia hay muchas formas de silenciarlo o condicionarlo, desde ahogar económicamente a un medio crítico hasta imponer qué periodistas han de cubrir determinadas áreas de información, esencialmente la política y la económica. Ahora, las tendencias (los *trending topics* o temas que son prevalentes en redes) coadyuvan a articular un discurso informativo sin validación periodística que incide sobre los medios convencionales. Cada vez es mayor la retroalimentación entre los medios convencionales y las redes, que aumentan su protagonismo en las ediciones digitales.

La responsabilidad de los medios públicos

Uno de los grandes problemas de la digitalización es la abrumadora cantidad de información que encontramos en internet y en las redes sociales sobre cualquier hecho, por lo que se impone la necesidad de seleccionarla y validarla. En plena crisis de coronavirus, en 2020, un grupo de expertos en el Reino Unido concluyó mediante la realización de una encuesta analítica que los consultados «confiaban en los periodistas de radiodifusión durante la pandemia de coronavirus,

73

particularmente de la BBC, la principal emisora de servicio público del Reino Unido... por su verificación de los hechos»[59]. Asimismo, respecto a la saturación de información en redes, «los encuestados querían alejarse de los periodistas que persiguen la velocidad y la especulación, para verificar los hechos y cuestionar las declaraciones engañosas»[60].

La BBC (British Broadcasting Corporation) es el conglomerado público audiovisual más importante del mundo con un amplio catálogo de ofertas a través de canales de televisión, cadenas de radio e internet. Simboliza la posibilidad real de poder mantener unos medios públicos independientes del poder político, gestionados con dinero de los ciudadanos y con profesionales altamente cualificados. El resultado de la investigación en el Reino Unido sobre credibilidad de los medios refrenda la necesidad de impulsar y sostener medios públicos bajo la premisa de su rentabilidad social y el cumplimiento de indicadores de eficiencia en la gestión. La BBC, en 2022, transmitía sus ofertas para el Reino Unido en radio analógica AM, FM y LW, DAB y radio digital, DAB, televisión digital y en línea.

---

[59] Cushion, Stephen; Morani, Maria; Kyriakidou, Maria; y Soo, Nikki (2022). «Por qué importan los sistemas de medios: un estudio de verificación de hechos de las noticias de televisión del Reino Unido durante la pandemia de coronavirus». Periodismo digital, 10:5, 698-716. Fundación Nieman. https://www.tandfonline.com/doi/full/10.1080/21670811.2021.1965490 . (Última consulta: 10-06-2022).

[60] *Idem.*

No obstante, generalmente bajo gobiernos conservadores, la BBC ha sufrido recortes presupuestarios que en algún momento han llegado a amenazar su independencia e incluso su continuidad. Uno de los últimos tuvo lugar en 2022, y consistió en congelar durante los años venideros la tasa que paga cada contribuyente en el Reino Unido para financiar el grupo. El primer efecto fue el anuncio de 382 despidos y la reducción del número de transmisiones del Servicio Exterior, dejando sin cobertura a China e Irán y suprimiendo 10 idiomas en su oferta. Con estas medidas, la BBC ha estimado un ahorro anual de 32 millones de euros.

La Corporación Radiotelevisión Española (CRTVE) es el reverso de la BBC. Aun contando con una plantilla muy profesionalizada, progresivamente hasta 2023 había perdido audiencias en todas sus programaciones, salvo un repunte en las de verano-otoño de ese año. A diferencia de la emisora británica, la CRTVE ha renunciado a una presencia activa en el conjunto de comunidades españolas, manteniendo una oferta programática y una estructura organizativa radial. Esto le ha supuesto abdicar de su función de cohesión y articulación de un Estado compuesto. En 2022, alcanzó una cifra récord de déficit, cercana a los 600 millones de euros, un 61 % superior a la de 2021, incumpliendo lo preceptuado por el estatuto de la CRTVE, aprobado en 2006. Cualquier medio de comunicación, independientemente de su naturaleza y soporte, forma parte del espacio público audiovisual e interactivo. Sin embargo, los medios de titularidad pública, como la BBC o la CRTVE, tienen contraídas una serie de obligaciones complementarias de servicio público que son esenciales para el pluralismo y la cohesión democrática[61]:

- La actuación neutral y sin posicionamiento ideológico más allá de los valores constitucionales.

- Dar cabida en la programación a todas las opciones y opiniones presentes en la sociedad.

- Un tratamiento informativo de los hechos imparcial, que diferencie la información de la opinión.

Mientras la BBC es el grupo público de comunicación que más cabe identificar con estos principios cardinales, RTVE es permeable a las directrices de los partidos gobernantes. Esto hace aún más necesaria la existencia de medios públicos independientes del poder político. Para ello, es imprescindible la asignación de una dotación material y unos recursos humanos acordes con el nuevo ecosistema mediático donde veracidad y pluralismo son puestos en almoneda diariamente. Asimismo, la elección de su presidente y del consejo de gobierno por las Cortes debería realizarse atendiendo a una mayoría cualificada en la votación.

Promesas de internet y realidades en redes

Junto a ofertas solventes, en internet cohabitan la mentira y las *fake news* de forma arrolladora. El periodismo languidece en un espacio

---

[61] BOE, nº. 163, 08-07.2022. Pág. 32.

entrópico en el que, salvo las informaciones que generan los medios acreditados, la actualidad pivota sobre lo banal. El impulso democratizador inicial quedó diluido al poco tiempo. La catarata de redes sociales y su naturaleza divisiva han convertido internet en un foro tabernario, algo muy distinto al ágora global que pretendía ser.

Wikipedia, aun con limitaciones obvias, es un ejemplo aleccionador de una enciclopedia colaborativa en línea, financiada por donaciones, que ofrece 61 millones de artículos en 333 idiomas. El proyecto gira en torno a tres ejes[62]:

- Es una enciclopedia, entendida como soporte que permite la recopilación, el almacenamiento y la transmisión de la información de forma estructurada.

- Es un wiki, por lo que, con pequeñas excepciones, puede ser editada por cualquiera.

- Es de contenido abierto.

En el mayor mercado económico del planeta, nunca como hasta ahora el espacio público interactivo y mediático había precisado de mecanismos de control democrático fiables. El creador de la primera página web de internet y del protocolo http (hypertext transfer protocol), Tim Berners Lee, ha expresado su preocupación en numerosas ocasiones sobre estas circunstancias. En un artículo de opinión en *The New York Times*, Berners-Lee denunciaba en

---

[62] https://es.wikipedia.org/wiki/Wikipedia. (Última consulta: 22-09-2023).

77

noviembre de 2019 que «las comunidades están siendo destrozadas a medida que el prejuicio, el odio y la desinformación se venden en línea. Los estafadores usan la web para robar identidades, los acosadores la usan para acosar e intimidar a sus víctimas, y los malos actores subvierten la democracia usando tácticas digitales inteligentes»[63]. El considerado como uno de los padres de internet propone una carta magna que debería ser suscrita por gobiernos, empresas y ciudadanos, con objeto de reconducir y controlar democráticamente la red. Se trataría de consensuar un nuevo contrato social acorde con el discurrir actual de una humanidad hiperconectada.

La periodista Virginia Hughes, editora de «Salud y Ciencia», en *The New York Times*, exponía que «en la medida que el uso de las redes sociales se ha disparado entre los adolescentes en las últimas dos décadas, también lo han hecho las tasas de depresión, ansiedad y suicidio, lo que lleva a los científicos a preguntarse si estas sorprendentes tendencias podrían estar relacionadas»[64]. No obstante, tal como recogía Hughes, aludiendo a la opinión de la psicóloga Michaelini Jansen, también «la tecnología puede ser un mecanismo de defensa más que la causa de su pesimismo». En este sentido, cabe huir de la anatematización de las redes —pero no

---

[63] Opinión | Inventé la World Wide Web. Así es como podemos solucionarlo. *The New York Times* (nytimes.com). (Última consulta: 08-07-2022).

[64] *The New York Times*, 29-03-2022. Pág. 4.

abdicar de denunciar su instrumentación—, habida cuenta de que son el refugio acogedor de cientos de miles de personas que, por motivos diversos, combaten su soledad, falta de estima o reconocimiento, sintiéndose en las redes escuchadas y valoradas. Del mismo modo, quienes transitan en la tercera edad encuentran un potente medio abierto a la complicidad, o enfermos que contrarrestan sus incapacidades virtualizando sus vidas en las redes. Sin olvidar los miles de periodistas que también las utilizan no sin polémica. En cualquiera de los casos, siempre está presente el *like,* el «me gusta», como cuantificador de aceptación o de frustración en base a la adhesión que suscita una persona o un tema concreto. Estar pendientes todo el día compulsivamente de la cuantificación de los *like* que nos implican es condicionar la mente a una montaña rusa de emociones contradictorias. Las recompensas que todos buscamos en la vida son un espejismo en las redes: nuestros neurotransmisores son activados de forma que es harto difícil escapar a la frustración e incluso a la depresión evadiendo la realidad.

Es cada vez más perentorio desplegar un control democrático para identificar a quienes se sirven de las redes con fines espurios, amén de sus dueños, que escrutan y vigilan cada segundo del devenir de sus usuarios para finalidades de todo tipo. El Centro para Contrarrestar el Odio Digital (CCDH) ejerce una amplia fiscalización sobre la profusión del odio y la desinformación en redes. Esta entidad denuncia que «la información errónea y la desinformación en línea están siendo utilizadas como armas por movimientos e individuos para sus propios fines políticos, sociales y económicos. Mientras tanto, las plataformas que utilizan para difundir sus mentiras no toman medidas»[65]. En consonancia con la irrupción de X, sustituyendo con esta letra la marca Twitter, Musk cargó contra el CCDH calificándolo de «malvado» y a su portavoz, Inran Ahmed, de «rata». Ahmed, en *The Guardian*, respondía a Musk con datos obtenidos y procesados por el CCDH sobre Twitter-X: «La cantidad de tuits que contienen calumnias ha aumentado hasta en un 202 %; los tuits que vinculan a las personas LGBTQ+ con el "acoso infantil" se han más que duplicado; el contenido y las cuentas de negación climática están aumentando»[66].

Jordi Carrillo de Albornoz (Jordi Wild) es un popular *youtuber* con millones de seguidores, creador y conductor del celebrado *podcast* en castellano *The Wild Project*. También es autor del libro *Así es la puta vida,* donde con realismo crítico analiza las redes y sus actores: «Ni eres el centro del universo ni todos tus sueños van a cumplirse. Olvídate de las chorradas de los libros de autoayuda y de los gurús baratos que intentan hacerte creer que "si quieres, puedes"; de los *crypto bros* que te harán millonario sin trabajar»[67]. Jordi reconoce que está en las redes porque es su modo de vida y que los *likes*

---

[65] https://counterhate.com/our-work/. (Última consulta: 07-08-2023).

[66] https://www.theguardian.com/commentisfree/2023/aug/06/when-we-held-up-a-mirror-to-elon-musks-twitterx-he-tried-to-sue-us-into-silence. (Última consulta: 07-08-2023).

[67] Wild, Jordi. *Así es la puta vida.* Penguin Random House, Kindle. Pág. 142.

forman parte del negocio. Aunque eso no le impide mostrase extremadamente crítico con Twitter[68], que considera «la red social donde es más fácil descargar anónimamente tu frustración, tu rabia, tu odio, y también la forma perfecta de lanzar un moralismo barato para limpiar tu propia imagen»[69].

En el verano de 2022, el Parlamento Europeo aprobó la Ley de Mercados Digitales y la Ley de Servicios Digitales, dos textos legales esenciales para regular la actividad de usuarios y empresas en la red; una normativa inexistente en los EE. UU. Mediante estas leyes, la UE pretende, además de asegurar una competencia de iguales entre empresas evitando los monopolios, proteger a los usuarios de los algoritmos y la publicidad dirigida según sus hábitos de navegación y presencia en redes. El garantismo de la normativa se extiende a avalar que puedan desinstalarse los programas y aplicaciones que, por defecto, encontramos en los terminales. Pero no son solo los oligopolios o las grandes corporaciones quienes acreditan posiciones de dominio injustificables. Por otros medios y con estrictos fines ideológicos y de inteligencia, Rusia lanza a diario campañas de desinformación y de pirateo de ordenadores. En la primavera de 2022, Merrick Garland, fiscal general de EE. UU., y Christopher Wray, director del FBI, dieron cuenta del desmantelamiento de una red de

---

[68] Esta red social, tras ser adquirida por Elon Musk, cambió su denominación por X, a finales del mes de julio de 2023.

[69] *Ibid.* Pág. 32.

bots controlada por la GRU, central de inteligencia rusa, que pretendía infectar millones de ordenadores.

El que fuera durante veinte años editor de *The Guardian*, Alan Rusbridger, concluye que «por primera vez en la historia moderna, nos enfrentamos a la perspectiva de cómo existirían las sociedades sin noticias confiables»[70]. El devenir en las redes introduce ruido, salpicando de contenidos variopintos internet. De tal forma que los medios convencionales, mimetizando estas tendencias y a la búsqueda del clic, se han convertido, matizadamente, en promotores de productos varios, corolarios de autoayuda, portavoces de la crónica rosa, y dinamizadores de relaciones y consultorios sexológicos. El propio *The Guardian* atendía a la siguiente cuestión planteada por una joven: «Tengo 26 años, estoy enamorada de un chico increíble y estoy muy entusiasmada con la idea de tener un hijo. Mi problema es con el sexo, específicamente con la penetración»[71]. Esta era la respuesta de *The Guardian*: «Todo con lo que estás lidiando es tratable, ¡así que ten esperanza! Su primera tarea, y es extremadamente importante, es encontrar un médico con el que se sienta lo suficientemente segura como para permitirle un examen físico»[72]. Este estilo argumental nos retrotrae,

---

[70] Rusbridger, Alan. *Breaking News: The Remaking of Journalism and Why It Matters Now*. Farrar, Straus and Giroux (Nueva York, 2018).

[71] https://www.theguardian.com/lifeandstyle/2023/may/25/ive-met-a-man-and-want-to-start-a-family-but-im-scared-of-penetration. (Última consulta: 31-05-2023).

[72] *Idem.*

paradójicamente, al mítico consultorio radiofónico de Elena Francis[73], auténtico fenómeno social en España entre 1950 y 1984.

En un mundo polarizado, la prensa y los medios en general se han convertido en altavoces ideológicos. El fin primordial de informar y crear opinión con firmas acreditadas, separando sus contenidos de los de la noticia, se encuentra en un segundo plano. La polarización progubernamental y la contraria se dan cita diaria en la menguante prensa escrita, radios, televisiones convencionales y su correlato en internet, soslayando una concurrencia ideológica imprescindible para un debate plural.

Periodismo comprometido y periodismo militante

En un planeta azotado por graves desigualdades, conflictos interregionales y una insoslayable emergencia climática, los periodistas son regularmente la garantía de una información independiente. Y, en muchas ocasiones, parte implicada en la denuncia de un orden injusto. Son los primeros prestatarios de un servicio público y, por tanto, los garantes de la verdad en el sentido factual, no conceptual ni filosófico. Este es el periodista comprometido, beligerante con los poderes corruptos y las injusticias de todo tipo. De forma paralela, existe el periodista que milita en organizaciones políticas u opera en sus órbitas, que se ve abocado a filtrar cada noticia que elabora atendiendo a los intereses de la organización. Ni los periodistas ni los medios de comunicación deben

---

[73] Balsebre, A. y Fontova, R. *Las cartas de Elena Francis*. Cátedra. (2018).

formalizar ningún tipo de pacto o entente con una fuerza política, un gobierno, grupo económico u organización privada. Resulta difícil mantener la independencia de gobiernos que utilizan gran parte de su poder para controlar a los medios de comunicación. Muchas administraciones fijan la agenda informativa del día filtrando a sus medios afines el argumentario político oficial. Y, del mismo modo, agitan las redes con sus *community managers* para crear los *trending topic*, las tendencias de opinión prevalentes en las redes.

La precariedad laboral y el cambio tecnológico afectan a periodistas en todo el mundo. Sin autonomía económica, el periodista es improbable que pueda realizar un trabajo independiente. Sin un ordenador y una conexión a internet en el Tercer Mundo —algo común en el mundo desarrollado— su tarea es casi imposible. Del mismo modo, las «fuentes amistosas» son un lastre, porque si bien facilitan material noticiable de primera mano, siempre buscan la compensación y el trato de favor para sus intereses. Por tanto, cabe distanciarse y evitar contemporizar con aquellos que son fuentes de información. El periodista debe mantener una visión de gran angular de la realidad, para intuir o deducir hechos sustantivos que pueden emerger en cualquier momento y cambiar la actualidad e incluso la vida colectiva. Y, paralelamente, ser sensibles a las penurias, las desigualdades y la discriminación por sexo, lengua, religión, ideario político o extracción social.

El periodista ha de ser valiente y mantener una férrea honestidad en el desenvolvimiento de su trabajo, impermeable a las críticas interesadas que suelen perseguir como único fin silenciarlo. Los periodistas no deben actuar nunca como comparsas ilustradas del poder. Cuando el periodista es director y redactor de su medio, la publicidad juega un papel disuasorio sobre informaciones que puedan afectar negativamente al anunciante. Esto se traslada a los medios de mayor tirada, en los que la publicidad institucional y de grandes corporaciones constituye un poderoso catalizador para conseguir un trato de favor. Un medio fuerte, saneado económicamente, es aval de independencia.

La universalización de internet y sus redes sociales han trastocado lo que durante años fue el *statu quo* de los medios de comunicación. La tecnología como vector de cambio se proyectaba ya en el s. XIX sobre la prensa incrementando su potencial. Las grandes tiradas de los periódicos, gracias a la linotipia, propiciaron la irrupción del empresario de prensa: una persona acaudalada que poseía varias cadenas de periódicos y optimizaba importantes cuentas publicitarias. Joseph Pulitzer (1847-1911), un húngaro que emigró a los EE.UU., fue uno de los periodistas y empresarios de prensa con mayor relevancia en Norteamérica. En buena medida, la estructura interior de un periódico que ha prevalecido durante más de un siglo se debe al impulso y la visión innovadora de Pulitzer. El mayor competidor de Pulitzer fue el otro gran empresario de prensa William Randolph Hearst.

Si bien Pulitzer introdujo en sus páginas reportajes en profundidad, los cómics, las secciones de moda femenina, deportes y la autopromoción, no huyó en determinadas ocasiones del sensacionalismo, lo que se dio en llamar el «amarillismo»; esto último con el fin incontestable de aumentar las tiradas de sus rotativos. Joseph Pulitzer en su testamento concedió a la Escuela de Periodismo de la Universidad de Columbia una dotación económica para que instituyera los afanados premios periodísticos con su nombre. Los Premios Pulitzer vienen distinguiendo desde 1917 a los periodistas más destacados en todo el mundo. Los principales galardonados en 2022 fueron *The Washington Post*, por su cobertura del asalto al Capitolio, y *The New York Times*, por sendos reportajes de investigación.

Acabada la II Guerra Mundial, los periódicos y los periodistas experimentarán una notable transformación; tendrá que ver, por supuesto, con la nueva tecnología electrónica y la creciente competencia de emisoras de radio y canales de televisión. En ese nuevo marco, el gran magnate de prensa desaparecerá paulatinamente, ocupando su lugar sociedades participadas, con capital financiero, propietarias de grandes conglomerados mediáticos. En la década de los setenta se desarrollan en EE. UU., con los primeros computadores, programas específicos de edición para periódicos. Lo que, unido al cambio del sistema de impresión, pasando de la linotipia a la fotocomposición, favorecerá la adopción de una economía de escala aplicada a la reducción de costes. Así podrá ralentizarse el declive del periódico tradicional.

En la primera década del S. XXI, internet remueve los cimientos de la prensa tradicional, reconvirtiéndola en un producto multimedia que diluye en buena medida su rigor al depender su rentabilidad del número de clics que recibe cada noticia. El periodista y bloguero Jason Cochran denunciaba hace más de una década que «una vez que los medios de comunicación adquirieron la capacidad de saber cuántas personas hacen clic en cada historia, la tentación fue demasiado grande... Hay un pequeño botón, presionan ese botón y se crea un nuevo borrador con esos términos de búsqueda como tema»[74]. A la «tiranía de clic», se suma el hecho de que cada vez más webs de medios se asemejan a otras más prosaicas donde el sexo, los escándalos de los famosos y la autoayuda conviven en peculiar conexión. Esto no es óbice para que algunos de los periódicos más importantes del planeta, sin obviar la complementariedad tecnológica, defiendan su autonomía y la obligación primordial de ofrecer un periodismo comprometido. Joe Kahn, editor ejecutivo de *The New York Times*, nombrado en 2022, exhorta a sus periodistas a que escriban sus reportajes sin pensar en el eco que tendrán en Twitter (X). Según Kahn, muchos periodistas «ni siquiera quieren participar en ciertos tipos de historias porque anticipan la reacción que obtendrán al escribir, informar sobre una historia que tiende a ser un asunto del tipo pararrayos en Twitter»[75].

---

[74] https://jasoncochran.com/blog/the-tyranny-of-the-click/. (Última consulta: 20-01-2023).
[75] https://www.washingtonpost.com/media/2022/06/14/joseph-kahn-new-york-times-twitter-democracy/. (Última consulta: 14-07-2022).

El último periodista

Salvo grandes cabeceras como *The New York Times*, *The Washington Post* o *The Guardian*, las ediciones impresas de los periódicos históricos van desapareciendo, junto a una reducción ostensible del número de ejemplares por tirada, antesala de su clausura. *Wiener Zeitung*, el periódico austriaco decano de la prensa mundial, pulsó su rotativa por última vez en junio de 2023 tras 320 años de vida. Bastó una ley para prohibir los anuncios de pago del sector público en la prensa austriaca para que el débil entramado económico que sustentaba a *Wiener Zeitung* se desmoronara. Lo más paradójico es que *Wiener Zeitung* es propiedad de gobierno austriaco, aunque editorialmente independiente, hecho que evidencia el desinterés injustificable por la continuidad de un periódico; algo que se remontaba a 1939, cuando los nazis cerraron el rotativo, reanudándose su impresión en 1945, durante la presencia de los aliados.

Cada vez es mayor el debate en torno a la utilización de las redes sociales por parte de los periodistas, teniendo presente que aumenta el número de los que interactúan en Facebook o Twitter (X). La controversia se centra en si sus intervenciones deben estar en sintonía con el punto de vista imparcial (se le supone) del medio en el que trabajan o bien es razonable que expresen sus propias opiniones. El declive que vive Twitter, acentuado sobremanera por el paso de la propiedad a Elon Musk —que ha cambiado el nombre de esta red social por X— ha impulsado *jounal.host*. Esta red ha sido creada por el periodista Adam Davidson, fundador de *Planet Money*, que previamente estuvo vinculado a *The New York Times* y *The New Yorker*. Para poder utilizar *journal.host* es imprescindible demostrar que se es periodista, mediante una cuenta de correo profesional. La red contabiliza cerca de 2000 periodistas. Son integrantes destacados Jelani Cobb, decana de la Escuela de Periodismo de Columbia, y Kasie Hunt, presentadora de CNN.

Sin embargo, la principal colisión se produce cuando los redactores de un periódico guardan exclusivas para lanzarlas en las redes sociales y empoderar su perfil, o bien para rentabilizarlas en un libro del cual son autores. En octubre de 2022, una de las redactoras más cotizadas de *The New York Times*, Maggie Haberman, publicó el libro *Confidence Man* (Estafador), que recopila informaciones y cotilleos sobre la presidencia de Donald Trump. Se dio la circunstancia de que Haberman guardó determinadas informaciones relevantes, que en lugar de publicarlas en su periódico utilizó posteriormente para servir de reclamo y dar consistencia a su libro. En cualquier caso, el director del *Times* aboga por el equilibrio político y la imparcialidad que debe de mantener un medio: «Cuando perdemos a ese lector imparcial, curioso, pero no completamente decidido [o] comprometido, y no estamos pensando en los intereses de esa persona, creo que nosotros mismos corremos el riesgo de ser arrastrados en una dirección u otra en algunos de estos temas»[76].

---

[76] *Idem.*

89

El último periodista

El mayor estudio de alcance global sobre consumo de noticias y medios digitales, realizado en 2023 por Reuters Institute de la Universidad de Oxford en colaboración con la Universidad de Navarra, documenta que en España «el interés por las noticias ha caído 34 puntos desde 2015, uno de los desplomes mayores del informe»[77]. Este hecho se produce de forma acusada entre los menores de 45 años. Asimismo, refleja el declive de la prensa escrita, donde sus lectores han disminuido por debajo de los 6 millones. A la pujanza de las suscripciones digitales de *El País* y *El Mundo*, se superpone el éxito de los sitios gratuitos como *20 Minutos*. Todo ello se produce en un contexto en el que, por primera vez, el consumo de internet (84,3 %) superó al de televisión (83,3 %), según la Asociación para la Investigación de Medios de Comunicación (AIMC). Los españoles nos informamos en redes sociales y de mensajería por este orden de preferencia, según Reuters Institute: Facebook 30 % (-5), WhatsApp 27 % (-5), Instagram 21 % (+4), YouTube 21 % (+3), Twitter (X) 18 % (-1) y TikTok 10 % (+5). Los cinco niveles de mayor confianza por medios escritos y audiovisuales alcanzan a Antena 3 (51 %), RTVE (48 %), Cadena SER (47 %), *El País* (46 %), y COPE (45 %). El consumo global de *podcasts* se mantiene estable. España (14 %) ha escalado hasta el tercer lugar, empatada con Australia e Irlanda. Encabezan la clasificación EE. UU. (19 %) y Suecia (17 %).

El rechazo a las noticias es un fenómeno global que responde a la hiperinformación que nos acecha en cada momento, produciéndonos

---

[77] https://reutersinstitute.politics.ox.ac.uk/es/digital-news-report/2023

90

sensaciones de hartazgo e impotencia. Esta percepción se extiende entre la ciudadanía ante el alud de informaciones con que somos bombardeados para provocar nuestra atención y el clic en una secuencia de monetización ininterrumpida. El resultado es que esta mercantilización imparable perjudica a los medios que desean mantenerse al margen y apostar por un periodismo comprometido. El estrés informativo es la peor consecuencia de un fenómeno que, lejos de decrecer, avanza exponencialmente.

El cuarto poder

El concepto «cuarto poder» tiene unos orígenes lejanos; es atribuido al político inglés Edmund Burke a finales del s. XVIII, cuando en el transcurso de uno de sus discursos en el Parlamento inglés calificó así a los representantes de la prensa presentes en el hemiciclo. Durante siglos se ha mantenido con una significación que lo sitúa junto a los otros tres poderes legítimos de una democracia: el ejecutivo, el legislativo y el judicial. Sin embargo, siempre han planeado en su entorno dudas sobre si ciertamente se trata de un cuarto poder y, en su caso, qué grado de legitimidad cabría atribuirle. Al respecto, si lo fuera *stricto sensu* sería pertinente cuestionar que sus actores, los periodistas, no son elegidos democráticamente, aunque gocen del asentimiento y el reconocimiento de sus lectores. En demasía, el sector de la prensa y en general de los medios de comunicación juegan un papel subalterno del poder ejecutivo. Este se sirve de la publicidad institucional como instrumento para beneficiar económicamente a los medios y así comprar su apoyo. También a través de subvenciones por diversos conceptos que siempre favorecen en mayor grado a los medios más afines. Y, por último, en la concesión de frecuencias o impulsando un operador propio de banda ancha. Cuando un medio actúa incondicionalmente favoreciendo en su línea editorial a un gobierno o a una determinada opción política, desnaturaliza su función.

En EE. UU. encontramos el ejemplo de *FOX News* y su incondicional sostén por parte de Donald Trump, pero podríamos citar otros muchos. Por lo general, todos los gobiernos muestran sintonía con determinados medios a los que otorgan prebendas. Esta circunstancia pone de manifiesto la importancia de una pluralidad de medios como factor esencial de una democracia. En EE. UU., esto último ha tenido una importante traducción en controvertidos episodios históricos jalonados por la decisiva intervención de la prensa: los papeles del Pentágono (1971), los escándalos Watergate (1972) e Irán-contra (1985), las filtraciones de WikiLeaks (2010) o la intrusión masiva de la Agencia Nacional de Seguridad (NSA)[78] en la privacidad de los ciudadanos (2013). Y en un contexto global, casos como *Los Papeles de Panamá* o los archivos secretos de Uber legitiman la labor de miles de periodistas y de sus medios. Sin embargo, son ahora las redes sociales las que difunden inconexa pero fehacientemente informaciones de todo tipo, incluidos secretos militares de alto valor estratégico. Fue el caso de la difusión en

---

[78] La NSA (National Security Agency) es una agencia de inteligencia de EE. UU. que monitoriza todas las comunicaciones más allá de sus fronteras.

Discord[79], en la primavera de 2023, de un conjunto de documentos clasificados que abordaban el espionaje estadounidense y revelaban evaluaciones altamente secretas sobre la guerra de Ucrania de la inteligencia norteamericana.

El cuarto poder es el título de una magnífica película de 1952, escrita y dirigida por Richard Brooks sobre un periódico americano y sus periodistas, protagonizada por Humphrey Bogart. Brooks había escrito con anterioridad el guion de *Cayo largo*, dirigida por John Huston y también con Bogart como actor principal. Después, dirigiría películas memorables, como *La última vez que vi París*, *El fuego y la palabra*, *La gata sobre el tejado de zinc*, *Dulce pájaro de juventud* o *Los profesionales*. Este director norteamericano, fallecido en 1992, trasladó con maestría a la gran pantalla la importancia de una prensa rigurosa e independiente, que competía con los rotativos sensacionalistas, así como la importancia de tener la valentía necesaria para imponer un relato veraz enfrentándose a los poderes fácticos. La frase del director del periódico *New York Day*, Ed Hutcheson, interpretado por Bogart, es elocuente: «Una prensa libre, lo mismo que una vida libre, es siempre arriesgada». Según la trama, coincidiendo con la inminente venta del *New York Day* por parte de los herederos del propietario, Hutcheson no duda en arriesgarse a publicar los turbios entresijos de un mafioso prominente, inductor del asesinato de su propia amante. *El cuarto poder* entroniza

---

[79] Discord, un sitio habitual para comunidades de videojuegos, ofrece servicio de mensajería y chats.

magistralmente en su última secuencia al periódico como icono mayestático de una sociedad libre: el jefe de la mafia escucha por la línea telefónica tras sus amenazas la puesta en marcha de la rotativa, que escupe imperturbable miles de ejemplares que revelan su crimen.

La película debe contextualizarse en un período del auge del macartismo (1950-1957) en EE. UU., en el que la impronta paranoica del senador Joseph Raymond McCarthy le hacía ver peligrosos comunistas en todos aquellos que expresaban libremente sus ideas con un sentido crítico. Esta circunstancia encumbra el mensaje y las posturas comprometidas de Brooks y Bogart en *El cuarto poder*. En Hollywood, las listas negras de McCarthy eran el anatema que pesaba sobre guionistas, directores, actores y actrices, en una dinámica de delación como exculpación propia o con la infamia de destruir al adversario e incluso al amigo. Hoy, en la jungla de internet y sus redes sociales, las «tentaciones macartistas» están presentes en un magma de desinformación y exclusión del adversario, lo que hace imprescindible y da carta de naturaleza a la existencia de unos medios rigurosos de calidad. El film no fue visto en España hasta 1980, cuando TVE lo programó. Ahora, puede visionarse en, prácticamente, todas las plataformas.

Si bien el largometraje *El cuarto poder* es una ficción ilustrativa del cometido social de una prensa libre, *Todos los hombres del presidente* (1976) es el film que narra la historia de un caso real de corrupción política, el Watergate, resultado de la ejemplar investigación de los

94

periodistas Carl Bernstein y Bob Woodward de *The Washington Post*. La película fue dirigida por Alan J. Pakula (1928-1998), con obras notables como *Klute* (1971*), La decisión de Sophie* (1982), *Presunto inocente* (1990), *El Informe Pelicano* (1993) o *La sombra del diablo* (1997). *Todos los hombres del presidente* está protagonizada por Robert Redford y Dustin Hoffman, que encarnan a Bernstein y Woodward. Las indagaciones de estos dos periodistas sirvieron para atravesar el muro de ilegalidades que Richard Nixon, líder del Partido Republicano, promovía en el ejercicio de la presidencia de los EE. UU. y en la perspectiva de su reelección. Una noticia que, en principio, parecía banal, el asalto a la sede del Partido Demócrata en el complejo de oficinas Watergate, llamó la atención de estos dos periodistas por el hecho de que entre los detenidos se encontraba James W. McCord Jr., exagente de la CIA y responsable de la seguridad de Nixon en su campaña electoral.

Los periodistas del *Post* descubrieron que, en realidad, se trataba de una conspiración contra el Partido Demócrata y los principales opositores políticos de Nixon. El entonces presidente no había dudado en utilizar de forma ilegal fondos de la campaña electoral para sobornar a agentes de la CIA, con tal de que espiaran y amedrentaran si se terciaba a miembros de la oposición. Ante el cúmulo de pruebas y testimonios irrefutables, después de varios meses negando los hechos en audiencias del Senado televisadas, Nixon dimitió el 8 de agosto de 1974. Carl Bernstein y Bob Woodward fueron galardonados con el Premio Pulitzer en 1973. Cincuenta años después, la periodista

Margaret Sullivan, del *Washington Post*, escribía: «Pensar en Watergate me entristece estos días. La nación que se unió para obligar a un presidente corrupto a dejar el cargo y enviar a prisión a muchos de sus ayudantes conspiradores es una nación que ya no existe»[80]. Los sentimientos de Sullivan tienen que ver con la evolución de la política interna de los EE. UU. y el alto coste de una «sociedad dividida e irreconciliable, que gravita sobre un intento de golpe organizado que involucra a Donald Trump, sus aliados más cercanos y los partidarios que atacaron el Capitolio mientras intentaban anular los resultados de las elecciones presidenciales de 2020»[81].

En el curso de las investigaciones sobre el Watergate, afloraron los intentos de la administración Nixon para desprestigiar y hacer pasar por demente a Daniel Ellsberg, investigador asociado del Centro de Estudios Internacionales del Instituto Tecnológico de Massachusetts, que en 1971 filtró al *New York Times* los denominados Papeles del Pentágono. Con conocimiento de Nixon, fue asaltado el consultorio del psiquiatra que atendía a Ellsberg, con la intención de hallar información comprometedora sobre su paciente. Los Papeles del Pentágono consistían en una recopilación de miles de documentos, bajo la supervisión de Robert S. McNamara en su etapa de secretario de defensa, considerados de alto secreto que evidenciaban el papel

---

[80] https://www.washingtonpost.com/media/2022/05/29/media-watergate-50-trump-journalism-fox/. (Última consulta: 19-07-2022).
[81] *Idem.*

intervencionista de EE. UU. en la península de Indochina desde la II Guerra Mundial hasta 1968. Ellsberg formaba parte del equipo redactor y, ante los hechos documentados, creyó un deber moral dar a conocer la actuación de los sucesivos gobiernos estadounidenses en el sudeste asiático.

El Tribunal de Distrito de los EE. UU., tras la tercera publicación del *The New York Times* de información sobre los documentos, decretó la prohibición de más entregas. Este periódico, junto con *The Washington Post*, que también disponía de la información, litigó ante la Corte Suprema de los EE. UU. El alto tribunal falló a favor de los demandantes y autorizó la reanudación de la difusión del informe. En sus miles de páginas, entre una gran cantidad de hechos históricos reseñables, destacaba el papel beligerante y la opacidad de sucesivos presidentes de la nación: Harry S. Truman, Dwight Eisenhower, John F. Kennedy, Lyndon B. Johnson y Richard Nixon. Parte del material permaneció clasificado hasta 2011.

El fantasma del comunismo durante la Guerra Fría condicionó toda la política de Occidente y, especialmente, la de EE. UU., también con Latinoamérica. La pretensión fallida de Cuba en 1962, asistida por la Unión Soviética, de instalar misiles con cabezas nucleares apuntando desde la isla a las principales ciudades americanas, endureció el anticomunismo de los inquilinos de la Casa Blanca. La revolución sandinista en Nicaragua, abrazada por el pueblo contra el sátrapa Anastasio Somoza y apoyada por Cuba, disfrutaba de un amplio crédito internacional, dilapidado décadas después por el líder de los revolucionarios, Daniel Ortega.

La CIA dio apoyo a los contrarrevolucionarios nicaragüenses, como ya lo había hecho antes en Chile con la dictadura de Augusto Pinochet, pero contraviniendo las leyes en vigor impulsadas desde la victoria de los demócratas en 1982. Y, además, desviando a la contra nicaragüense fondos provenientes de la venta de armas a Irán en su guerra contra Irak. El asunto fue dado a conocer por el periódico libanés *Al-Shiraa*. Reagan negó ante las cámaras de televisión la evidencia, mientras la prensa norteamericana informaba exhaustivamente, publicando investigaciones que no dejaban duda sobre la implicación del presidente, cuya popularidad se desvaneció. Sin embargo, en 1989, al final de su mandato, su índice de aprobación era el mayor de los obtenidos por un presidente de los EE. UU.

En las coordenadas de libertad y acceso universal a internet, el periodista e informático australiano Julian Assange creó, en 2006, el portal de filtraciones WikiLeaks, sobre contenidos sensibles de interés público, salvaguardando el anonimato de sus fuentes. En el mes de julio de 2010, WikiLeaks difundió las imágenes de una matanza de civiles iraquíes desde un helicóptero Apache del ejército norteamericano durante la invasión de Irak y dio a conocer 75.000 documentos secretos sobre la guerra en Afganistán. En otoño se produjeron nuevas filtraciones, liberando 400.000 documentos que mostraban la crueldad de las tropas iraquíes, entre 2003 y 2009, con el beneplácito de los militares estadounidenses. Los principales periódicos del planeta fueron los encargados de difundir, junto con la web de Assange, los llamados «cables de WikiLeaks». Julian Assange y WikiLeaks se convirtieron en paladines mundiales de la libertad de información con acciones de transparencia periodística inéditas.

Julian Assange se asiló en la embajada de Ecuador en Londres, en 2012, después de ser acusado en Suecia de delitos sexuales y temer su extradición a los EE. UU. En 2019, fue entregado a las autoridades inglesas por el gobierno ecuatoriano, cuando el Departamento de Estado norteamericano formalizó la denuncia por las filtraciones de WikiLeaks. En junio de 2022, el gobierno del Reino Unido autorizó la extradición de Assange. Un mes después, los abogados del activista presentaron ante el Tribunal Superior de Londres el recurso con el que intentaban impedir que se hiciera efectiva su entrega. Julian Assange podría enfrentarse en EE. UU. a una sentencia de 175 años de cárcel, sumando los distintos cargos que se le imputan. Coincidiendo con el recurso contra la extradición de Assange, *The Guardian* publicaba un editorial, el 7 de junio de 2022, en el que exoneraba al presidente Obama de la ofensiva jurídica contra el activista australiano, cargando contra Trump y exigiendo su libertad: «Fue el equipo de Donald Trump, que consideraba a la prensa un "enemigo del pueblo", el que dio el paso. No es demasiado tarde para que Estados Unidos retire los cargos. En el Día Mundial de la Libertad de Prensa de este año, el presidente de los Estados Unidos, Joe Biden, dijo: "El trabajo de los medios libres e independientes importa ahora más que nunca". Devolverle al señor Assange su libertad le daría sentido a esas palabras»[82].

En junio de 2013, los periódicos *The Washington Post* y *The Guardian* desvelaron el espionaje masivo practicado por la Agencia Nacional de Seguridad (NSA) de EE. UU., que recolectaba datos de forma continua de los principales buscadores y redes sociales. La NSA utilizaba el programa Prisma, con el que podía acceder a correos electrónicos, búsquedas de internet y conversaciones inalámbricas en todo el planeta. Las revelaciones partían de Edward Snowden, antiguo agente de la CIA y de la NSA. Snowden había abandonado EE. UU. y se encontraba, los días previos a la publicación, en un hotel de Hong-Kong acompañado por su ayudante, Laura Poitras, y los periodistas Glen Greenwalde de *The Washington Post* y Ewen MacAskill de *The Guardian*. Snowden fue contratado por la agencia en 2006 y enviado a Suiza, donde permaneció entre 2007 y 2009 en calidad de experto en ciberseguridad de la Central de Inteligencia. En 2009, Snowden dejó la CIA y se incorporó a la NSA, que abandonaría en 2013 tras hacer acopio de material sensible comprometedor para la administración norteamericana.

Snowden vive en un apartamento en las afueras de Moscú, asilado desde 2013, para eludir ser juzgado en EE. UU. En 2022, le fue concedida la nacionalidad rusa; su esposa, Lindsay Mills, también la

---

[82] https://www.theguardian.com/commentisfree/2022/jun/17/the-guardian-view-on-julian-assanges-extradition-a-bad-day-for-journalism. (Última consulta: 21-07-2022).

solicitó. Ambos argumentaron que deseaban cuidar juntos a sus hijos. Edward Snowden ha mantenido públicamente un perfil bajo en relación con la defensa de Alekséi Navalni y otros perseguidos por el régimen de Putin. En relación con el conflicto de Ucrania no se ha pronunciado. Sin embargo, el decreto que otorgaba la nacionalidad rusa al exagente fue objeto de bromas en las redes sociales, incluso por parte de personas afectas al régimen, como Margarita Simonyan, editora jefe de la emisora de televisión estatal RT Internacional, calificada como la Goebbels rusa y sancionada por la UE. En su canal de Telegram, Simonyan se interrogaba sobre si Snowden sería movilizado en la guerra de Ucrania. Anatoly Kucherena, abogado en Moscú de Snowden, dijo a la agencia estatal de noticias Ria Novosti «que su cliente no podía ser reclutado porque no había servido previamente en las fuerzas armadas rusas» o, con otras palabras, no había realizado el servicio militar. La idea inicial de Snowden —según comentó a *The Guardian*— habría sido vivir en Islandia. *The Washington Post* y *The Guardian* fueron distinguidos en 2014 con los premios Pulitzer por su «contribución al servicio público».

En 2016, vio la luz uno de los grandes escándalos mundiales relacionados con la evasión de impuestos: los papeles de Panamá. Gracias a las investigaciones del Consorcio Internacional de Periodistas de Investigación (ICIJ) y del periódico alemán *Süddeustche Zeitung* vieron la luz pública más de 11,5 millones de documentos internos del despacho de abogados panameño Mossack Fonseca. Se trata de uno de los cinco mayores registradores mundiales de sociedades pantalla, conocidas como *offshore* y situadas en paraísos fiscales o países con laxas legislaciones, con sucursales en Hong Kong, Miami, Zúrich y otros 35 lugares en todo el planeta. Como beneficiarios de estas sociedades aparecían políticos y financieros; la publicación de sus nombres y las consecuentes investigaciones en sus países de origen hicieron posible que, en 2019, se hubieran recuperado más de 1200 millones de dólares. El Consorcio Internacional de Periodistas de Investigación (ICIJ), fundado en EE. UU. en 1997, está constituido por 180 periodistas de 100 países, entre los que figuran representantes de *El País* y La Sexta. La publicación del Consorcio sobre los papeles de Panamá tuvo una trascendencia global, acreditando independencia y fiabilidad contrastadas.

El ICIJ, en el verano de 2022, accedió a los archivos secretos de Uber, que mostraban cómo esta empresa «irrumpió en los mercados de todo el mundo, cómo usó tecnología furtiva y prácticas evasivas para frustrar a los reguladores y las fuerzas del orden en, al menos, seis países y cómo desplegó una falange de lobistas para cortejar a líderes mundiales prominentes e influir en la legislación y ayudar a evitar impuestos»[83]. Asimismo, puso al descubierto la estrategia de imagen y relaciones públicas de Uber, sopesando los beneficios que le reportaba la confrontación con los colectivos de taxistas, así como

---

[83] Sobre la investigación de Uber Files - ICIJ (www-icij-org.translate.goog). (Última consulta: 27-07-2022).

descalificar las legislaciones vigentes señalándolas como una antigualla que las empresas colaborativas debían superar.

En la primavera de 2023, en el contexto de la guerra de Ucrania, la red social Discord protagonizó la filtración de documentos con información comprometedora destinada a altos responsables militares y de inteligencia. En un chat de Discord se difundieron gran cantidad de informes de alto valor estratégico que abarcaban, según *The Washington Post*, entre otras informaciones sensibles, «una evaluación contundente de la fuerza militar de Ucrania después de un año de intensos combates... puntos débiles en las defensas aéreas ucranianas y posibles problemas con el suministro de municiones»[84]. Fue una «exclusiva informativa» que otorgaba a las redes todo el poder, en consonancia con el desplazamiento del eje de gravedad de la difusión mundial de noticias, prescindiendo cada vez más de profesionales y canales periodísticos acreditados. Sin embargo, fue *The Washington Post* quien reveló el filtrador, Jack Teixeira, que había trabajado en una base militar norteamericana: «Es un joven y carismático entusiasta de las armas que compartió documentos altamente clasificados con un grupo de conocidos lejanos que buscaban compañía en medio del aislamiento de la pandemia»[85]. Este rotativo, posteriormente, analizó los documentos desvelados,

---

[84] https://www.washingtonpost.com/world/2023/04/10/faq-leaked-pentagon-documents/. (Última consulta: 13-04-2023).

[85] https://www.washingtonpost.com/national-security/2023/04/12/discord-leaked-documents/. (Última consulta: 13-04-2023).

contextualizándolos en diversas exclusivas con apreciable valor informativo y estratégico. Además, revisó otra decena de documentos secretos adicionales, la mayoría de los cuales no han sido difundidos públicamente.

El periodista rebelde

En los países regidos por un estado de derecho que supone, entre otras garantías, la protección de la libertad de informar y de recibir información, dentro de los amplios márgenes de la libertad de expresión, la integridad física de los periodistas no se ve amenazada por lo común. En cambio, donde el estado de derecho está ausente o exhibe déficits notables, la vida de un periodista corre un serio riesgo. En este caso, cobra relevancia Reporteros Sin Fronteras (RSF), una organización no gubernamental de ámbito mundial que vela por la libertad de prensa y la protección de los periodistas en su ejercicio profesional. RSF hace suyo el artículo 19 de la Declaración Universal de Derechos Humanos, aprobada en 1948 por la Asamblea General de la Organización de las Naciones Unidas: «Todo individuo tiene derecho a la libertad de opinión y de expresión; este derecho incluye el de no ser molestado a causa de sus opiniones, el de investigar y recibir informaciones y opiniones, y el de difundirlas, sin limitación de fronteras, por cualquier medio de expresión»[86].

RSF es, sin duda, una organización modélica gracias a la cual cada año conocemos el aterrador balance de periodistas muertos en el

---

[86] spn.pdf (ohchr.org). (Última consulta: 22-07-2022).

104

desempeño de su trabajo, y aquellos países que gozan de mayor y menor crédito en el terreno de la libertad de prensa. En 2022, fueron asesinados 58 periodistas, lo que supuso un incremento del 13,7 % sobre 2021, que registró 51 víctimas mortales. Según la citada ONG, «En las dos últimas décadas, el 80 % de los periodistas asesinados se ha concentrado en 15 países. Irak y Siria son los dos países con mayor número de víctimas, ya que la suma de ambos arroja un total de 578 asesinatos en 20 años [contabilizándose 1668 en todo el mundo], es decir, más de un tercio de todos los periodistas muertos, por delante de países como México, Afganistán, Yemen y Palestina o Somalia»[87].

Rusia es el país europeo con el mayor número de periodistas muertos en las últimas dos décadas, coincidiendo con la llegada al poder de Vladimir Putin. Asimismo, desde la invasión de Ucrania por parte de Rusia, ocho periodistas han sido asesinados en el país báltico. Sin embargo, América es el continente que presenta mayores peligros para los periodistas en ejercicio, con un 47,4 % de fallecidos violentamente en 2022. México es el país de mayor riesgo, con 125 periodistas asesinados desde 2003. Entre los siete países mejor valorados en 2022, en relación con la libertad de prensa, figuraban, por este orden: Noruega, Dinamarca, Suecia, Estonia, Finlandia, Irlanda y Portugal. En el lugar treinta y dos se encontraba España, precedida por Francia (en el veintiséis) y Reino Unido (que ocupaba el veinticuatro).

---

[87] Reporteros Sin Fronteras (rsf-es.org). (Última consulta: 05-02-2023).

Detrás de estas cifras, de cada guarismo, está el compromiso de miles de periodistas y reporteros gráficos que en las circunstancias más adversas ponen en riesgo sus vidas para cumplir su cometido. Entre estos últimos destaca el cámara español de Tele 5, José Couso, fallecido en 2003 durante la invasión de Irak por parte de EE. UU. Esta operación militar contó con el apoyo de una coalición de países entre los que figuraba España. Couso murió en el curso de un ataque, aún no esclarecido, con misiles lanzados por las tropas norteamericanas contra el Hotel Palestina en Bagdad, donde se alojaba junto con periodistas de diversos países que cubrían el conflicto. También perdió la vida el periodista ucraniano Taras Protsyuk, de la agencia Reuters. A poco menos de veinticuatro horas de la capitulación de Irak, el contingente americano tenía instrucciones de impedir la difusión de informaciones sobre la operación. Dos décadas después, el caso pasó al Tribunal Europeo de Derechos Humanos de Estrasburgo. Veinticuatro horas antes del ataque de las tropas de EE. UU. al Hotel Palestina, un misil iraquí hirió mortalmente al periodista español Julio Anguita Parrado, corresponsal de *El Mundo*, en el centro de comunicaciones de EE. UU. Su padre, Julio Anguita, que fue el carismático líder de Izquierda Unida, declaró: «Mi hijo me dijo que quería estar en primera línea; ha cumplido con su deber»[88].

Maria Ressa, periodista filipina, y Eugeni Muratov, periodista ruso, director de *Novaya Gazeta*, consagraron sus discursos de aceptación

---

[88] https://www.elmundo.es/documentos/2003/04/parrado/cronica_julio.html. (Última consulta: 10-07-2023).

del Premio Nobel de la Paz del año 2021 a todos los periodistas asesinados y que sufren persecución. Denunciaron los asesinatos de la rusa Anna Politkóvskaya (2006), el saudí Jamal Khashoggi (2018) y la maltesa Daphne Caruana Galizia (2018).

Anna Politkóvskaya reveló las violaciones de los derechos humanos que se producían a diario en el Cáucaso norte y criticó con dureza al gobierno de Rusia. Fue un asesinato por encargo y, aunque se detuvo y juzgó a los culpables, nunca se ha sabido con certeza quién fue el inductor. Jamal Khashoggi, periodista saudí de *The Washington Post*, fue asesinado brutalmente por agentes saudíes en el interior del consulado de Arabia Saudí en Estambul. El juicio por el crimen, celebrado en la capital de Turquía en 2022, se cerró en falso. Los 26 saudíes acusados no estuvieron presentes al no autorizar su país de origen sus extradiciones. El tribunal dejó el caso en manos de la justicia de Arabia Saudí, en unos momentos en que este país estrechaba relaciones con Turquía.

Daphne Caruana denunciaba, a través de su blog, la corrupción de las élites maltesas y su clase política. Difundió los nombres de quienes estaban incursos en los papeles de Panamá y realizó denuncias que implicaron al primer ministro. Su asesinato se perpetró mediante un coche bomba. Fueron detenidos y condenados en 2021 tres de los presuntos autores materiales y fue detenida, en 2019, una cuarta persona, Yorgen Fenech, propietario adinerado de casinos y hoteles en Malta, al que se situó como autor intelectual del crimen. En 2022 todavía no había sido juzgado.

El último periodista

Los asesinatos de periodistas son habituales en México, ante la pasividad, la inducción o la incapacidad de las autoridades para poner fin a esta escalada criminal. En 2022, fueron «ejecutados» doce periodistas por realizar su trabajo eludiendo las presiones de los carteles de la droga, los oligarcas o los políticos corruptos. Además, decenas de periodistas viven entre la intimidación sistemática y el enclaustramiento voluntario para no perder la vida. En ocasiones, migrando por todo México en calidad de fugitivos. Como apunta la combativa periodista mexicana Carmen Morán Breña: «La impunidad ante los crímenes y las amenazas es tan alta, alrededor de un 95 %, que la justicia se vuelve inexistente. Muchos prefieren no denunciar porque la policía y las fiscalías son integrantes, en ocasiones, de la madeja inextricable que aprieta el gatillo»[89].

El asesinato, en agosto de 2023, del periodista y candidato a la presidencia de Ecuador, Fernando Villavicencio, fue el trágico final de quien, con un valor excepcional, se había enfrentado a la corrupción y a las mafias de su país. En unas declaraciones a la CNN, reproducidas por la BBC, Villavicencio había denunciado a clanes delincuenciales y su complicidad con políticos de distinto signo: «Hoy Ecuador está tomado por Jalisco Nueva Generación, el Cartel de Sinaloa y también la mafia albanesa. Es decir, queda claro para América Latina, lo mismo que en Colombia y en México, que no es posible que el narcotráfico se instale en una sociedad y la someta sin

---

[89] *El País*, 24-12-2022. Pág. 12.

108

el contubernio y la connivencia del poder político»[90]. Villavicencio tuvo un papel destacado en la condena y exilio del expresidente Rafael Correa, por haber aceptado 8 millones de dólares en sobornos a cambio de contratos públicos entre 2012 y 2016. Correa reside desde 2020 en Bélgica. Si regresara a su país, sería detenido de inmediato.

Como Fernando Villavicencio, otros periodistas nunca vacilan en decir no ante imposiciones y extorsiones para ocultar información comprometida, aun exponiendo sus vidas a un serio peligro. Todos ellos convergen en «el hombre rebelde», que magistralmente categorizara Albert Camus: «¿Qué es un hombre rebelde? Un hombre que dice no. Pero, si niega, no renuncia: es también un hombre que dice sí, desde su primer movimiento»[91]. Así, en la negación a cualquier tipo de tiranía u opresión, se encuentra la afirmación del compromiso con la libertad. El propio Camus advertía que «la rebeldía, desviada de sus orígenes y cínicamente disfrazada, oscila en todos los niveles entre el sacrificio y el crimen»[92].

Camus, que bebe en las fuentes filosóficas del existencialismo, reconvierte su corpus filosófico en un nuevo humanismo que se sustenta en la solidaridad y la esperanza. Resulta esclarecedora la

---

[90] https://www.bbc.com/mundo/articles/cx90zj5lyejo. (Última consulta: 10-08-2023).

[91] Camus, Albert. *El hombre rebelde*. Penguin Random House España. Edición Kindle. Pág. 15.

[92] *Idem*. Pág. 326.

confrontación de Albert Camus con su otrora amigo y camarada Jean Paul Sartre, defensor de la ortodoxia soviética hasta los años 50; una postura que declinaría tras la invasión de Hungría por parte del ejército ruso. Camus, implacable, afirma que «cuando la revolución, en nombre del poder y la historia, se convierte en esta mecánica asesina y desmesurada, una nueva rebeldía se hace sagrada, en nombre de la mesura y de la vida»[93]. Albert Camus, como George Orwell, Hannah Arendt, Simone Weil, Bertrand Russell o Karl Popper, detesta el totalitarismo y construye su pensamiento contra el determinismo y las premisas dogmáticas. La denuncia de Camus contra los *gulags* soviéticos enfurecería a Sartre y originaría la ruptura definitiva entre ambos. Transcurrida una década desde el fallecimiento de Albert Camus, Sartre diría: «Después de mi primera visita a la URSS en 1954, he mentido. He dicho cosas amables sobre la URSS que no pensaba»[94].

Sartre, junto con Simon de Beauvoir, Italo Calvino, Julio Cortázar, Marguerite Duras, Carlos Fuentes y Mario Vargas Llosa, firmarían en 1971 una carta de repulsa contra el gobierno castrista por el encarcelamiento y el trato dispensado bajo torturas al poeta cubano Heberto Padilla. Crítico sin fisuras con el discurrir de la revolución cubana, Padilla fue forzado a una lamentable comparecencia autoinculpatoria en la que abjuró de sus críticas al régimen castrista.

---

[93] Ibid. Pág. 355.

[94] Francisco Fernández Buey, Recuerdo de Sartre (II), https://rebelion.org/recuerdo-de-sartre-ii/. (Última consulta: 19-09-2022).

Asimismo, arremetió contra los autores de una segunda carta contra su detención, incurriendo en la delación de sus compañeros. En el verano de 2022, fue proyectada en la sección Horizontes Latinos del Festival de San Sebastián la película *El caso Padilla*, del cubano afincado en España Pavel Giroud, que documenta con imágenes inéditas la patética comparecencia autocrítica de Heberto Padilla, en abril de 1971, ante el gremio de escritores cubanos, con 60 minutos de metraje hasta ahora oculto. El gesto de Sartre apoyando a Padilla certificó su progresivo alejamiento del llamado «socialismo real», que tan funestamente le había apartado de Albert Camus. La emancipación del ser humano y la causa tercermundista colmarían los últimos años de este excepcional filósofo, escritor y dramaturgo.

Camus criticó con dureza los campos de concentración que, de forma ominosa, acogieron en Francia a los exiliados españoles de la Guerra Civil. Muchos de esos españoles, iniciada ya la II Guerra Mundial, serían deportados a campos de concentración nazis en Alemania. Albert Camus, cuya abuela era menorquina (hablaba mahonés, dice Camus de ella en su libro póstumo *El primer hombre*), tuvo una especial sintonía con España, y destacan en su faceta de dramaturgo las adaptaciones teatrales de Calderón de la Barca y Lope de Vega. La actriz María Casares, hija del político republicano Santiago Casares Quiroga, fue la compañera de Albert Camus los últimos años de su vida. Camus falleció en 1960, tres años después de que le fuera concedido el Premio Nobel de Literatura, en un fatídico accidente de coche. Entre los restos del automóvil pudo recuperarse el manuscrito

111

de *El primer hombre*, que sería publicado más de tres décadas después.

El espíritu libre e insobornable se pone de manifiesto en el Camus periodista a lo largo de los sucesivos artículos que escribe en *Combat*, el periódico de la Resistencia que fomenta la unión contra el fascismo en Francia. El mes de septiembre de 1944, unos días después de la entrada de las tropas aliadas en París, con la Novena Compañía (La Nueve), integrada por 144 españoles, Camus publica en *Combat* un artículo donde disecciona el papel y la labor del periodista y el periodismo. Sus reflexiones deben relacionarse con el cambio que suponía pasar de un periodismo de trinchera a un periodismo abierto, donde debía prevalecer el interés general de la Francia libre en la nueva construcción nacional y dejar a un lado los sesgos partidistas y los intereses económicos. Condicionantes que Camus había advertido a los pocos días de la liberación de París, y que intenta acotar con una honda reflexión: «¿Qué es un periodista? Un historiador sobre la marcha, y su principal preocupación ha de ser la verdad... Nos dicen: "Eso es lo que quiere el público". No, el público no quiere eso. Se le ha enseñado durante veinte años a quererlo, que no es lo mismo... ¿Qué peso tienen, frente a eso, unos cuantos sacrificios de dinero o de prestigio, ese esfuerzo cotidiano de reflexión y escrúpulo que basta para que un periódico se comporte como es debido?»[95].

---

[95] Camus, Allbert. *La noche de la verdad.* Penguin Random House Editorial España. Edición Kindle. Pág. 54-56.

En el nuevo escenario tecnológico hacia el que avanzamos, lo suscrito parece más propio de un recorrido espectral, extremadamente lejano, que no del imperativo de fundamentar la vigencia de un compromiso por la libertad y la equidad. Hasta ahora, el ilusionismo tecnológico y la complacencia rutinaria con sus *gadgets* ha venido consumiendo nuestro día a día, opacando implicaciones profundas sobre las personas. La IA abre una perspectiva inquietante, que reconocen sus propios impulsores; pero si por una vez sus fines se incardinaran en el bien común, podría proporcionarnos una vida mejor a la par que lograr un planeta más sostenible.

CAPÍTULO 2

LA GUERRA DE LA DESINFORMACIÓN

La desinformación como arma política

Hannah Arendt analizaba «la manipulación moderna de los hechos» mucho antes de la existencia de las redes sociales. En su ensayo *Verdad y política,* de 1967, lo hace partiendo de la caracterización de la propaganda política y su simetría con la comunicación y la publicidad comerciales: «Gigantescas organizaciones han generalizado una especie de razón de estado tal como antes se restringía al manejo de asuntos exteriores y, en sus peores excesos, a situaciones de peligro claro y presente... Han aprendido más que unos cuantos trucos de las empresas y métodos de Madison Avenue. Imágenes realizadas para el consumo doméstico». Arendt se enfrentaba a la ardua tarea de definir qué era la verdad, y lo hacía desde la factualidad: «Conceptualmente, podemos llamar verdad a lo que no podemos cambiar; metafóricamente, es el suelo sobre el que estamos parados y el cielo que se extiende por encima de nosotros»[96].

---

[96] Arendt, Hannah. *Verdad y política*. Publicado originalmente en *The New Yorker*, 25 de febrero de 1967, y reimpreso con cambios menores en las obras *Entre pasado y futuro* (1968), *The Portable Hannah Arendt* editado por Peter Baier (2000) y *Truth: Engagements Across Philosophical Traditions* editado por Medina y Wood (2005).

Los regímenes autoritarios o de democracia limitada apelan sistemáticamente a la razón de estado para silenciar la crítica periodística y la disidencia política. Sin embargo, las democracias liberales no están exentas de transgredir el estado de derecho que las fundamenta. Uno de los sucesos políticos más relevantes de nuestra historia contemporánea fue, en 1963, el magnicidio de John F. Kennedy. Los oscuros intereses que gravitaron sobre el asesinato del presidente y la manipulación de pruebas sobre su autoría se pusieron de manifiesto de forma inexorable, aunque incompleta, en 2021 con la desclasificación parcial de documentos sobre lo acontecido. El derecho de todo ciudadano a ser informado de forma veraz reverbera persistentemente en la sociedad norteamericana desde aquella fatídica fecha buscando una explicación plausible. Se aguarda la última desclasificación documental anunciada en 2021 por el presidente Biden, cuya demora justificó apelando a la razón de estado: «El aplazamiento continuo temporal es necesario para proteger contra daños identificables a la defensa militar, las operaciones de inteligencia, la aplicación de la ley o la conducta de las relaciones exteriores, que es de tal gravedad que supera el interés público en la divulgación inmediata»[97].

La opacidad sobre el asesinato de John F. Kennedy y la salida a la luz, muchas décadas después, de información reservada sobre lo sucedido ha activado con cierta solidez la teoría de la conspiración,

---

[97] https://www.nytimes.com/2021/10/23/us/politics/jfk-assassination-pandemic.html. (Última consulta: 24-08-2022).

que se suma a otras con irrelevante fundamentación que asolan EE. UU. La de mayor incidencia es la de QAnon; sus seguidores, en 2020, intoxicaron las redes sociales con informaciones radicalmente falsas sobre la COVID-19, las elecciones presidenciales y el movimiento Black Lives Matter. Según una encuesta demoscópica de NPR e Ipsos, en 2020, el 17 % de los estadounidenses era crédulo con la grotesca premisa fundacional de QAnon: «Un *grupo de élites adoradoras de Satanás que dirigen una red de sexo infantil está tratando de controlar nuestra política y los medios*». Las teorías conspiratorias suponen un ruido incesante y desintegrador para las democracias. Si bien es cierto que determinadas cuestiones, por mor de un interés general fundamentado, cabe considerarlas de difusión restringida, el blindaje del Estado debería ser transparente con fecha de caducidad.

El presidente John F. Kennedy y su hermano Robert, fiscal general de los EE. UU., asesinado en 1968 cinco años después del primer magnicidio, imprimieron un sesgo progresista en sus ejecutorias en una coyuntura internacional compleja, que guarda ciertos paralelismos con la situación actual del mundo. Los crímenes que acabaron con la vida de estos dos políticos sobresalientes todavía no han sido esclarecidos por completo[98] en un régimen de libertades.

---

[98] Respecto al asesinato de Robert Kennedy, su hijo, el abogado Robert Kennedy Jr., tras visitar varias veces en la prisión a Sirhan Bishara Sirhan, declarado culpable, ha pedido a las autoridades que reabran el caso, ante la inexistencia —según su opinión— de pruebas concluyentes sobre la autoría.

El último periodista

Por tanto, qué cabe esperar de lo que acontece en estados hobbesianos sin límites, donde no existe un mínimo ordenamiento que garantice los derechos de la ciudadanía frente al poder.

Las reflexiones de Hannah Arendt tenían lugar cuando no existía la comunicación multidireccional en red y una falsedad no podía alcanzar en unos instantes la categoría de «verdad global». En una nueva guerra fría en gestación, con los alineamientos característicos de aquella nefasta etapa, las redes sociales son un arma estratégica anclada en la desinformación, al amplificar o distorsionar determinados mensajes de medios oficiales. La confrontación de Rusia con Ucrania y el agravamiento del conflicto israelí-palestino han radicalizado las campañas de desinformación. La férrea censura del régimen de Putin, clausurando los medios independientes y prohibiendo plataformas como Facebook y Twitter(X). Pero no solo eso, el Kremlin —como ya denunciara en su momento la Unión Europea— ha intensificado la publicación de vídeos y fotografías manipuladas *deepfakes*, en las que mediante IA se sustituyen rostros y entornos físicos. El gobierno ruso divulgó un vídeo *fake* intentando demostrar que el Moskva, hasta ese momento el buque insignia de la Flota del Mar Negro de Rusia, se hundió como consecuencia de una tormenta tras incendiarse y no por los impactos de los misiles ucranianos.

Vladimir Putin encarna la autocracia zarista y el deseo imperial de convertir a Rusia en la principal potencia mundial, como pretendieron sus antiguos jefes del politburó soviético. Eso no es algo

118

sencillo, habida cuenta de detentar en la actualidad un poder económico y militar no equiparable al de EE. UU. o China, a pesar de la modernización de una parte de su arsenal; con un PIB^{99} y una renta per cápita muy inferiores a los de la UE. Sin embargo, no debe olvidarse que es la primera potencia nuclear por efectivos. En 2005, en el discurso anual sobre el estado de la nación, el mandatario ruso no dejó dudas sobre su principal fin en los próximos años: «Somos una nación libre y nuestro lugar en el mundo moderno se definirá solo por lo exitosos y fuertes que seamos»^{100}. Ucrania es el primero de los grandes envites de Putin. Un año antes de la invasión, en el verano de 2021, el mandatario ruso afirmó que la antigua república soviética era un estado artificial y que «Rusia fue despojada de hecho», cuando Ucrania se independizó en 1991. Diversos analistas, entre ellos Gideon Rachman, del *Financial Times*, apuntan que «La facilidad con la que Putin anexionó a Crimea, y la rapidez con la que Occidente parecía dispuesto a perdonar, puede haber sentado las bases para una confianza injustificada que condujo a la invasión de Ucrania»^{101}. Rusia ha obviado la diplomacia para aferrarse a la fuerza en un marco geopolítico donde la OTAN representa una innegable

---

[99] PIB (UE) en 2022: 13.355.130 M€. PIB Rusia: 2.116.735 M€. Expansión / Datos macro.com.

[100] http://news.bbc.co.uk/1/hi/4480745.stm. (Última consulta: 03-08-2022).

[101] https://www.theguardian.com/world/2022/apr/09/understanding-vladimir-putin-the-man-who-fooled-the-world. (Última consulta: 03-08-2022).

119

amenaza en su implantación progresiva en las antiguas repúblicas soviéticas; algo que debería pasar por el filtro de la diplomacia y subrayar el protagonismo de la UE, oscurecido por el de la OTAN.

Además de Ucrania, los objetivos estratégicos del presidente ruso se centran en diversos escenarios. Quizá el más importante para Rusia sea la zona del mar Ártico, su archipiélago y sus aguas en proceso de deshielo progresivo, que favorece la explotación de ricos recursos naturales. La parte más importante de la ingente producción de gas ruso proviene del mar Ártico. Asimismo, Rusia está construyendo una de las mayores terminales petroleras del mundo, Sever Bay, en la costa del mar de Kara, una amplia zona del Océano Ártico. En 2027, se prevé que produzca 50 millones de toneladas de petróleo por año, para después incrementar estos volúmenes a más de 100 millones de toneladas, según *The Barents Observer*[102]. Vladimir Putin, el Día de la Armada, celebrado en la ciudad de San Petesburgo, en el verano de 2022, señaló las áreas cuyo control considera vital para la «gran Rusia», incluyendo, junto a la zona ártica, los mares Negro, de Ojotsk y de Bering, así como los estrechos del Báltico y las islas Kuriles. Por si cabían dudas, Putin alabó la figura del zar Pedro el Grande que, en el s. XVII, hizo de Rusia una gran potencia marítima mundial.

---

[102] *The Barents Observer* es un medio *online* formado por una cooperativa de periodistas, que tiene por objeto principal informar sobre lo que acontece en la península de Escandinavia y en toda la zona del Ártico. Según proclama, «sus valores fundamentales son la libertad de expresión y el apoyo a la democracia».

Y anunció la incorporación a la flota rusa de misiles hipersónicos de última generación, culpando a Occidente de ser el único responsable del conflicto con Ucrania.

Rusia se acerca paulatinamente a una dictadura, a tenor de los cambios restrictivos que impulsan sus actuales gobernantes de la mano de Vladimir Putin, cercenando libertades democráticas esenciales. El líder ruso rubricó, en 2021, la ley que le permitirá seguir en el cargo hasta 2036. Podría superar en permanencia en el poder a Iósif Stalin, que mantuvo su liderazgo casi tres décadas en la URSS. El indudable apoyo popular, aunque no masivo, del que todavía goza Putin guarda relación con un discurso informativo orweliano en el que la invasión de Ucrania pasó a ser durante meses «una operación especial» o «una operación especial técnico-militar». Vladimir Putin ordenó, en 2022, la disolución de la entidad Memorial, fundada por el Nobel de la Paz, Andréi Sájarov, en 1988, durante la perestroika de Mijail Gorbachov. Según la doctrina oficial, el Memorial es «un agente extranjero», «quiere lavar el fascismo» y «promueve el terrorismo». Los medios rusos controlados por el gobierno de Putin invierten el signo de las noticias favoreciendo un relato unívoco que ensalza sin mesura al régimen. *Rusia Today*, *RT* o *Sputnik* difunden a diario informaciones que, más allá de ser propaganda política, conforman un discurso falaz. Como el que se deriva de la supuesta «masacre de migrantes, acribillados por policías ucranianos cuando intentaban atravesar la frontera con Rusia». En el argumentario de la contrainformación de Moscú, aparecen como denominador común

121

la supuesta vinculación de los dirigentes ucranianos con el neofascismo y la utilización de Ucrania como una avanzadilla contra Rusia. Diez meses después del inicio de la invasión rusa de Ucrania, la UE tenía bloqueados los medios antes citados, además de Rossiya 1 y Pervi Kanal (Primer Canal), NTV y REN-TV.

La UE dispone, desde 2015, de EUvsDesinfo, una división especializada en detectar *fake news* provenientes mayoritariamente de Rusia. Un gran número de estas informaciones falsas giran sobre el papel de la OTAN. A esta organización se le atribuye el objetivo de desestabilizar Europa, responsabilizando a los Estados bálticos de convertir la alianza defensiva de la OTAN en una confrontación con Rusia. Las técnicas goebbelianas en la fabricación de las noticias y su difusión se circunscriben en gran medida a secuencias de repetición que pivotan sobre cinco tipos de narrativa, según analiza EUvsDesinfo[103]:

- Las élites contra el pueblo. Los medios de desinformación rusos y pro-Kremlin explotaron en gran medida esta narrativa en la víspera del referéndum del Brexit de 2016, para agitar la división en Europa.

---

[103] Narrativas clave en la desinformación pro-Kremlin. Parte 1: Las élites contra el pueblo - UE vs DESINFORMACIÓN (euvsdisinfo.eu). (Última consulta: 04-08-2022).

- Los valores amenazados. Se utiliza para desafiar las actitudes occidentales progresistas sobre los derechos de las mujeres, las minorías étnicas y religiosas y los grupos LGBTQ, entre otros.

- La pérdida de soberanía de los países a favor de EE. UU. Europa está ocupada por los Estados Unidos. Alemania ya no es un estado soberano. La cooperación europea entre los gobiernos nacionales se narra como la capitulación estatal ante los gobernantes extranjeros.

- El inminente colapso de Europa. Describe a Europa o a sus estados como incursos en una inmediata guerra civil.

- La hilaridad y el sarcasmo. Este eje narrativo se encuentra entre los más siniestros. Un ejemplo es el caso Skripal, un intento frustrado de envenenamiento por parte de la inteligencia rusa que se enmascara como una gran broma. De forma general, se usa un arsenal de términos despectivos para descalificar al sistema democrático. La sátira y el humor burdos son utilizados para desautorizar y humillar al adversario.

Aunque la desinformación ha existido siempre, las redes sociales amplifican su alcance y lo retroalimentan. Así, la guerra de Ucrania se dirime también en internet. Estrategas militares y piratas informáticos afectos, en alianza o por separado, alimentan el conflicto persistentemente. En marzo de 2022, en una web de noticias ucraniana se alojó una *deep fake*, que utilizaba la IA, en la que el presidente de Ucrania, Volodymyr Zelensky, hacía un llamamiento a sus soldados para que depusieran las armas. Zelensky, a través de su cuenta de Instagram, desautorizó la falsa noticia, alcanzando cinco millones de visitas. Andy Carvin, director del laboratorio de investigación forense digital del Atlantic Council, colegía que «Rusia ha fracasado y perdido... al publicar vídeos cuestionables de dudosa procedencia»[104].

Sin embargo, la narrativa rusa, como reconocía el propio Carvin, permeabiliza las redes sociales de China o América del Sur y penetra también en el África subsahariana: «El 50 % de las publicaciones examinadas en Weibo, la plataforma de redes sociales china, respaldan el argumento de Rusia de que la guerra fue culpa de los países occidentales, la OTAN o Ucrania»[105]. Putin, encarando el control de la opinión interna, ha ordenado la implantación de cortafuegos de internet para bloquear las webs de noticias críticas y tener el control de la red. Los esfuerzos occidentales por equilibrar el tablero de la información y la opinión sobre el conflicto se valen, junto con sus estrategias *online*, de medios tradicionales como la radio para la que no existen fronteras físicas. La BBC ha reanudado sus emisiones en onda corta dirigidas a Ucrania y Rusia, y Radio Free Europa-Radio Liberty ha incrementado las horas de emisión y la potencia de sus transmisiones dirigidas a estos dos países.

---

[104] https://www.theguardian.com/world/2022/mar/19/russia-ukraine-infowar-deepfakes.
[105] *Idem.*

En Rusia impera la ley de censura, que fija hasta 15 años de cárcel para todos aquellos que las autoridades consideren emisores de información falsa. Moscú caracterizó durante meses los ataques contra Ucrania con eufemismos como «operación especial» o de «autodefensa», nunca como una guerra o invasión. Esta coerción a la libertad de expresión e información ha motivado el cierre de un buen número de medios críticos con el Kremlin; los periodistas que utilizan el término «invasión» pueden ser condenados a penas de cárcel. CNN, ABC News, RTVE o Blomberg son algunos de una larga lista de medios internacionales que se han visto obligados a renunciar a continuar en Rusia ante la falta de libertad para informar y ante la presión a la que se ven sometidos sus periodistas. Es el caso de la corresponsal de RTVE, Érika Reija, que dejó Rusia temporalmente en marzo de 2022, expresando con claridad en Twitter el motivo: «Acabo de abandonar Rusia. Con mucha tristeza, pero convencida de que es un paso necesario ante la posible criminalización de nuestro trabajo. Gracias a todos los que me habéis enviado fuerza en las últimas semanas, las más difíciles sin duda de toda mi vida».

En el ámbito de la represión que sufren los medios rusos que disienten de la verdad oficial, Eco de Moscú, la emisora de radio fundada por disidentes soviéticos en 1990 bajo el paraguas de la perestroika, disolvió su sociedad y cerró sus instalaciones ante la decisión de la fiscalía de prohibir sus emisiones. Eco de Moscú tuvo un papel destacado en la defensa de Gorbachov ante la tentativa de golpe de Estado de 1991. A lo largo de treinta años, Eco de Moscú había conformado una red de emisoras distribuidas en distintos puntos de Rusia, y contaba con un canal de YouTube.

La desinformación es un fenómeno generalizado y amplificado por el actual ecosistema de medios; impulsada por determinadas instancias de poder, grupos de presión de índole diversa o individuos amorales. Entre estos últimos, destaca el estadounidense de extrema derecha Alex Jones, un teórico de la conspiración que, además de difundir falsedades, se ha lucrado con ellas. Jones manipuló de forma infame y ratificó bajo juramento que la matanza en la escuela primaria Sandy Hokk, en Newton (EE. UU.), en 2012, en la que perecieron veinte estudiantes y seis maestros, había sido una ficción en la que nadie había muerto. Según Jones, se trataba de un montaje llevado a cabo por los padres de los alumnos para apoyar una legislación restrictiva para la tenencia y uso de armas de fuego.

Sobre Jones, la justicia acabó dictando, en 2022, un primer veredicto por el que debía abonar 45,2 millones de dólares a Neyl Heislin y Scarlett Lewis, los padres de Jesse Lewis, de seis años. El pequeño Lewis fue asesinado junto con otros diecinueve estudiantes y seis educadores por Adam Lanza, un veinteañero desequilibrado. Posteriormente, en octubre de ese mismo año, un jurado de Connecticut condenó a Jones a donar 1000 millones de dólares a las ocho familias afectadas por el tiroteo. Se da la circunstancia de que Jones había ingresado 800.000 euros por día durante el año en el que duró la campaña de difamación que él mismo orquestó. Tras el veredicto, Jones adujo no tener medios para el abono de las reparaciones económicas a las familias. En agosto de 2022, un economista forense valoró el imperio empresarial de Jones en un máximo de 270 millones de dólares. Ese mismo mes se declaró en bancarrota, aduciendo una deuda contraída por Free Speech Systems, una de las empresas ligadas a su matriz.

La columnista de *The Times*, Pamela Paul, se preguntaba si «su admisión [de culpa] o su disculpa tendrán algún efecto en una esfera mediática en la que una sola mentira puede convertirse rápidamente en una red intratable de falsedades»[106]. Jones ha difundido durante todos estos años bulos y mentiras flagrantes desde la mayor impunidad, particularmente sobre las elecciones presidenciales en EE. UU. de 2020 y sobre la COVID-19. Con tal propósito utilizó el *podcast* 42º, uno de los más populares en EE. UU., precedido por Planet Money. Sin atisbo de rectificación, muy al contrario, Jones recurrió a su *podcast* para atacar el procedimiento judicial en el que se había visto incurso. En 2018, YouTube eliminó cuatro vídeos de Jones «por violar sus normas sobre la protección de la infancia y la utilización del discurso del odio». Alex Jones, con millones de seguidores en su canal de YouTube, arremetía en sus vídeos contra los migrantes musulmanes en Europa y los creadores de un icono transgénero. En 2022, tras el veredicto final, Jones volvió a usar sus plataformas mediáticas, en este caso su programa *Infowars*, para reafirmarse en su mentira: «Encubrieron lo que realmente sucedió, y

---

[106] https://www.nytimes.com/2022/08/05/opinion/alex-jones-trial.html?searchResultPosition=1. (Última consulta: 08-08-2022).

127

ahora yo soy el diablo. De hecho, estoy orgulloso de estar bajo este nivel de ataque»[107].

Alex Jones ofreció su firme apoyo al expresidente Donald Trump con repetidas apariciones en su programa. Jones tuvo un papel activo en la difusión de los mayores bulos y mentiras que retroalimentaron muchas cabeceras de prensa hasta 2022. Entre estos, figuran, de forma destacada, las falsedades entorno las elecciones de 2020, ganadas por Joe Biden, que llevaron a una multitud violenta a asaltar el Capitolio el 6 de enero de 2021.

La infoguerra entre Rusia y Ucrania

En la cumbre de la OTAN celebrada en Madrid la primavera de 2022, en el contexto de la agresión de Rusia a Ucrania, las operaciones cibernéticas e híbridas se categorizaron por primera vez en la misma escala que las producidas por una confrontación convencional: «Nos enfrentamos a amenazas cibernéticas, espaciales e híbridas y otras asimétricas, y al uso malicioso de tecnologías emergentes y disruptivas»[108]. A partir de esta consideración, los países miembros de la OTAN suscribieron el compromiso de «construir y ejercer una capacidad cibernética virtual de respuesta rápida para responder a

---

[107] https://www.nytimes.com/2022/10/12/us/politics/alex-jones-sandy-hook-damages.html. (Última consulta: 13-10-2022).

[108] OTAN - Texto oficial: Declaración de la Cumbre de Madrid emitida por los Jefes de Estado y de Gobierno de la OTAN (2022), 29-Jun.-2022 (nato.int). (Última consulta: 02-08-2022).

actividades cibernéticas maliciosas significativas»[109]. Meses después, tras declarar el Parlamento Europeo a Rusia «estado promotor del terrorismo», las páginas web y diversos servicios informáticos de la cámara sufrieron un ataque cibernético del grupo *hacker* Killnet auspiciado por el Kremlin —la misma organización que, en anteriores ocasiones, realizó ciberataques telemáticos a la Casa Blanca—.

El Kremlin, además de ejercer una contumaz vigilancia global de los contenidos en redes, tiene identificados y clasificados los cables submarinos que facilitan las comunicaciones digitales mundiales de datos y de telefonía móvil. Y ha desplegado un dispositivo militar que en cualquier momento podría cortar o dañar estos cables, lo que supondría una acción de guerra, al interrumpir las comunicaciones de millones de personas y entidades de todo tipo. Uno de los primeros objetivos de Moscú en la invasión de Ucrania fue desmantelar las redes de internet y telefonía móvil tal como iba materializando su avance. Trascurridos cinco meses desde el inicio del conflicto, Rusia se había hecho con importantes enclaves en el este y en el sur del país. En esas zonas los ciudadanos solo tienen acceso a los medios rusos, que imponen una versión unilateral del conflicto cargada de mentiras. Stas Prybytko, responsable del desarrollo de la banda ancha móvil en el Ministerio de Transformación Digital de Ucrania, manifestaba a *The New York Times* que «Lo primero que hace un ocupante cuando llega al territorio ucraniano es cortar las redes... El objetivo es restringir el acceso de las personas a internet y

---

[109] *Idem.*

129

bloquearles la comunicación con sus familiares en otras ciudades y evitar que reciban información veraz»[110].

Starlink, la red de satélites de Space X, la empresa aeroespacial de Elon Musk, mitiga los efectos de la incautación de internet en la Ucrania ocupada y podría haber sido un instrumento decisivo en el devenir del conflicto. Sin embargo, Musk ha activado y desactivado la red en diversas ocasiones, condicionando la estrategia de Ucrania. Starlink, desde 2019, ha ido paulatinamente conquistado los cielos, con la progresiva puesta en órbita de más de 4500 satélites de un tamaño similar a una mesa de escritorio. Estos ingenios son capaces de ofrecer internet de alta velocidad a cualquier lugar del planeta, y su progresión apunta a más de 40.000 unidades a medio plazo. Musk proporcionó al gobierno de Zelensky 12.000 terminales satelitales destinados a su ejército para hacer seguras las comunicaciones. El antiguo diplomático de la Unión Soviética, Sergei Lavrov, ministro de Asuntos Exteriores de Rusia, amenazó con destruir estos satélites de comunicaciones. Coincidiendo con la presentación de Starlink, la agencia espacial rusa Roscomos creó, en 2015, el proyecto Sfera, una red satelital para emular y contrarrestar el proyecto de Elon Musk. En 2023, orbitaban 160 satélites de Sfera frente a los más de 5000 de Starlink. Roscosmos presupuestó el proyecto Sfera en unos 20 mil millones de dólares, una cantidad muy superior al coste de Starlink.

---

[110] https://www.nytimes.com/interactive/2022/08/09/technology/ukraine-internet-russia-censorship.html. (Última consulta: 19-08-2022).

En el contexto general del conflicto, el responsable del Servicio de Inteligencia Británico (GCHQ), Jerermey Fleming, afirmaba en *The Economist*, en agosto de 2022, que Putin estaba perdiendo la guerra de la información. Esto sucedía en un escenario en el que la información está asociada a la estrategia cibernética en conflictos que pueden calificarse de postmodernos, pero con un poso idéntico al de cualquier confrontación bélica convencional. Se trata, para Fleming, de «una guerra cibernética y digital muy moderna, tanto como la guerra física brutal y destructiva»[111]. El papel de los servicios de inteligencia occidentales ha tenido una innegable trascendencia en el curso de la guerra de Ucrania, desequilibrando en determinadas ocasiones la balanza a favor de las tropas de Zelenski. Fleming reconocía que el servicio de inteligencia de Gran Bretaña había ayudado a proteger la infraestructura crítica de Ucrania y que había detectado el *malware* WhisperGate utilizado por Rusia contra los sistemas informáticos ucranianos. Según el jefe del espionaje británico, la misma ciberestrategia aplicada por Rusia en Ucrania la había desplegado antes en Siria y en los Balcanes. En los últimos meses de 2023, aún sin vislumbrarse el final de la contienda, el balance apuntaba a un enquistamiento del conflicto.

El bombardeo por parte de Ucrania a la escuela Makiivka, donde pasaban la Nochevieja 89 militares rusos que perdieron la vida,

---

[111] https://www.economist.com/by-invitation/2022/08/18/the-head-of-gchq-says-vladimir-putin-is-losing-the-information-war-in-ukraine. (Última consulta: 19-09-2022).

levantó ampollas. La propagandista del régimen, Margarita Simonyan, pidió responsabilidades apuntando a los mandos militares comandados por Putin. Sin embargo, uno de los momentos más críticos para el mandatario ruso fue la rebelión de los mercenarios del Grupo Wagner, en junio de 2023, comandados por su máximo responsable, Yevgueni Prigozhin. Este grupo paramilitar amenazó con tomar Moscú como protesta por las decisiones de Putin en la guerra con Ucrania. Finalmente desistió, y Prigozhin abandonó Rusia para retornar meses después, y pereció en el accidente del helicóptero que lo trasportaba junto con el número dos de Wagner, Dmitry Utkin. Diversos analistas internacionales vieron la sombra de Putin en este desenlace: «Dada la sórdida historia del Sr. Prigozhin, sigue siendo posible que aún queden por delante nuevas y quizás sorprendentes revelaciones sobre este accidente. Pero si resulta que esto no fue obra de Putin, puede ser solo porque alguien se le adelantó»[112].

Semanas después de iniciada la contienda, el FBI informó del desmantelamiento de una red de *bots* controlada por la agencia de inteligencia militar rusa, GRU. Por su parte, el Grupo de Análisis de Amenazas (TAG) de Google, en marzo de 2022, alertaba de que instituciones y ciudadanos de Ucrania estaban siendo objeto de

---

[112] https://www.nytimes.com/2023/08/24/opinion/international-world/prigozhin-plane-crash-putin.html. (Última consulta: 24-08-2023).

piratería por parte de funcionarios rusos, que actuaban como *hackers* y se encuadraban en diversos grupos:

- FancyBear/APT28, impulsando campañas masivas de *phishing* dirigidas a los usuarios de ukr.net (UkrNet, una empresa de medios ucraniana).

- Ghostwriter/UNC1151, propagando *phishing* de credenciales contra organizaciones gubernamentales y militares de Polonia y Ucrania, incluyendo a usuarios de correo web, para obtener sus perfiles completos y las contraseñas utilizadas.

- Mustang Panda, o Temp.Hex, introducía sus virus mediante archivos maliciosos con titulares sobre la invasión de Ucrania, como «Situación en las fronteras de la UE con Ucrania.zip».

- DDoS cometió ataques contra órganos del gobierno de Ucrania, entre los que se encuentran el Ministerio de Asuntos Exteriores y el Ministerio del Interior. Un ataque DDoS persigue «cerrar una web».

En todos estos casos, el TAG ha informado a las autoridades correspondientes y, en lo concerniente a DDos, ha implementado Project Shield, una protección gratuita para bloquear los ataques. El Grupo de Análisis de Amenazas de Google se ha comprometido públicamente a tomar medidas que sirvan para identificar «a los malos actores, compartiendo información relevante con la industria y los gobiernos, con el objetivo de generar conciencia sobre estos problemas, proteger a los usuarios y prevenir futuros ataques»[113]. El TAG, además de monitorizar las amenazas relacionadas con Ucrania y Rusia, mantiene una vigilancia sistemática sobre posibles ataques a nivel mundial.

Algunas de las agresiones cibernéticas promovidas por Rusia han sido respondidas por activistas informáticos encuadrados en Anonymous, con acciones contra los portales rusos TAASS, Fontanka o Kommersant, insiriendo mensajes que alertaban sobre las consecuencias del conflicto para la población rusa. En el verano de 2022, Jeremiah Fowler, cofundador de la compañía de seguridad cibernética Security Discovery, aseguraba que Anonymous «había desmitificado las capacidades cibernéticas de Rusia y avergonzado con éxito a empresas rusas, agencias gubernamentales, empresas de energía y otras... El país puede haber sido el "telón de acero", pero con la escalada de estos ataques por parte de un ejército de piratas informáticos en línea, parece más un "telón de papel"»[114].

Fowler, tal como recogía la cadena de televisión estadounidense CNBC, agrupaba en seis categorías[115], por orden de efectividad, las acciones de Anonymous:

---

[113] https://blog.google/threat-analysis-group/update-threat-landscape-ukraine/. (Última consulta: 10-08-2022).

[114] https://www.cnbc.com/2022/07/28/how-is-anonymous-attacking-russia-the-top-six-ways-ranked-.html. (Última consulta: 12-08-2022).

[115] *Idem.*

134

Hackear bases de datos
Para obtener información filtrada acerca de militares rusos, el Banco Central de Rusia, la agencia espacial Roscosmos, empresas de petróleo y gas (Gazregion, Gazprom, Technotec), la empresa de administración de propiedades Sawatzky, la emisora VGTRK, la empresa de TI NPO VS o bufetes de abogados.

Señalar a empresas que continúan operando en Rusia
Promueve el bloqueo de las webs de estas empresas, con el riesgo para ellas de pérdida de reputación y de ventas. En las postrimerías de marzo de 2022, en la cuenta de Twitter @YourAntonTV fueron difundiéndose los logotipos de compañías que ejercían actividades empresariales en Rusia, conminándolas a que dejaran de operar si no querían ser objetivo de Anonymous.

Bloqueo de webs
Intensifica las intervenciones en sitios web rusos y bielorrusos. En este apartado destaca la interrupción de la conexión a internet en el Foro Económico Internacional de San Petersburgo, desarrollado en junio de 2022, que demoró el discurso de apertura de Vladimir Putin casi dos horas.

Formación de nuevos activistas
Ofrece capacitación sobre cómo lanzar ataques DDoS para clausurar webs, enmascarando la identidad de quienes los perpetran, o impedir que un determinado recurso en línea esté disponible. Se verifica cuando con un gran número de ordenadores y dispositivos

«bombardean» una web desactivándola. Según James Flower, Anonymous también utilizó *ransomware* ruso para penetrar en el sistema de la compañía eléctrica rusa Leningradsky Metallichesky Zavod.

Interceptación de medios y servicios de transmisión

Permite acceder a imágenes y contenidos censurados por los medios oficiales, especialmente en canales de televisión como Russia-24, Channel One, Moscow 24, Wink e Ivi. Es una intervención paralela al aumento del número de ciudadanos que utilizan redes VPN, para eludir la censura en internet ejercida por las autoridades rusas y tener acceso a medios libres.

Hackeo de terminales

Hackear, entre otras intervenciones, impresoras con objeto de modificar los tiques de compra de tiendas de comestibles, insiriendo eslóganes contrarios a Rusia y de afirmación del pueblo ucraniano.

Los programas espía y la vulneración de las comunicaciones

A esta conjunción de intereses y estrategias de desinformación y contrainformación, con epicentro en la infoguerra entre Ucrania y Rusia, se suma a escala global el uso de programas espía telefónicos. Es el caso de Pegasus, de la empresa tecnológica israelí NSO, utilizado por gobiernos y sus fuerzas de seguridad contra instituciones y particulares, partiendo hipotéticamente de un mandato judicial. En muchas ocasiones, la orden judicial se solicita después de haber espiado el objetivo y verificado su interés. Pegasus espió a periodistas y disidentes israelís al margen de la justicia, algo que enervó a la ciudadanía, puesto que NSO se había comprometido a no hacerlo en su propio país.

En España, en 2022, el presidente del Gobierno, Pedro Sánchez, cesó a la responsable del CNI, Paz Esteban, al trascender que este organismo había vigilado con Pegasus diversos teléfonos de implicados en la tentativa de independencia unilateral de Cataluña. Durante este episodio, desde Moncloa se desveló que también habían sido espiados los teléfonos del presidente del Gobierno y los de la ministra de Defensa y el ministro del Interior. No se aclaró si estos teléfonos eran los oficiales, que atendían a sus cargos, o los personales.

Pegasus se introduce a distancia en el móvil que se desea «capturar», con independencia de que tenga sistema operativo Android o iOs (iPhone). Sus potencialidades, utilizables remotamente desde cualquier lugar, son máximas y facilitan:

- Escuchar todas las llamadas.

- Transferir el listado de contactos.

- Rastrear videollamadas y mensajes de WhatsApp, Viver y Skipe.

- Monitorizar Facebook.

- Utilizar la cámara y el micrófono del dispositivo.

- Extraer las contraseñas del usuario.

Estas características del sistema espía Pegasus invalidan la autonomía y las capacidades del poseedor del terminal infestado, que puede encontrarse con citas previas anuladas, Whats apps nunca enviados y hasta con cuentas corrientes al descubierto.

El espionaje de los servicios de inteligencia siempre es opaco y controvertido, amparado formalmente en la seguridad y la integridad de un país. Los gobiernos incurren con demasiada frecuencia en un uso *ad hoc* de sus servicios secretos con fines unilaterales y espurios. En Grecia se desató un escándalo cuando hubo evidencias de que el primer partido de la oposición, el socialdemócrata Pasok, y su líder, Nikos Androulakis, habían sido espiados por los servicios de inteligencia (EYP) con el conocimiento del primer ministro conservador, Kyriakos Mitsotakis. El *software* espía utilizado fue Predator, inoculado en el teléfono móvil de Androulakis y detectado por la unidad de ciberseguridad del Parlamento Europeo.

Con estos precedentes, ¿de qué mecanismos dispondremos para expulsar al intruso que se introduce subrepticiamente en nuestra vida virtual, espía nuestro cerebro, las comunicaciones que mantenemos y se apropia de nuestros datos? Hemos de advertir de que la IA recopilará y procesará volúmenes exponenciales de información, que abarca desde historiales médicos, características biométricas, movimientos pormenorizados y patrones de ondas cerebrales de cada usuario. Un cualificado equipo de investigadores[116] de universidades chinas y canadienses ha profundizado en lo que, sin duda, será uno de los escollos del metaverso asociado a la IA, ya que «de la gestión masiva de flujos de datos pueden surgir en el metaverso... resultados injustos de algoritmos de IA, para la seguridad de las infraestructuras físicas y de los cuerpos humanos»[117]. Asimismo, partiendo de que el *blockchain* será la columna vertebral de la privacidad del metaverso, este «representa graves problemas de interoperabilidad», según estos científicos.

Cabe subrayar que la protección de derechos frente a la IA y el metaverso será mucho más compleja de lo vivido hasta ahora con otras tecnologías menores. La compilación de los patrones de ondas cerebrales con fines espurios constituirá uno de los mayores riesgos. Toda nuestra actividad cerebral —y, por tanto, vital— está enclavada en un flujo de ondas electromagnéticas de muy baja intensidad y distinta frecuencia, catalogables en el espectro radioeléctrico como alfa, beta, delta, gamma y theta, que oscilan entre los 0,5 Hz y los 100 Hz. Cada ser humano presenta un patrón diferenciado de la actividad en su cerebro de esas microrradiaciones, que en forma de impulsos eléctricos controla todas las partes de nuestro encéfalo. Clonar

---

[116] Yuntao Wang, Zhou Su, Ning Zhang, Rui Xing, Dongxiao Liuy y Sherman Shen.

[117] A Survey on Metaverse: Fundamentals, Security, and Privacy 2203.02662.pdf (arxiv.org). (Última consulta: 15-01-2023).

139

patrones de ondas cerebrales está al alcance de la IA, así como su consiguiente introducción en el metaverso y sus avatares.

Nikola Tesla, el «gran desconocido», a pesar de la ingente cantidad de literatura en la última década sobre su vida, tiene en su haber infinidad de investigaciones perdidas o censuradas de un alto valor, algunas de ellas sobre estos patrones de ondas más allá de las frecuencias citadas. Este sabio serbio, sin ser explícito sobre las posibilidades de controlar las ondas cerebrales para manipular a los seres humanos, sí teorizó acerca de la utilización de determinadas frecuencias para conseguir su bienestar. Apple utiliza la frecuencia de Tesla de 369 Hz —conocida como frecuencia de atracción— para ofrecer música relajante.

Redes bajo sospecha

Cordón umbilical con la vida para unos y zoco de mendacidad para otros, las redes sociales han impuesto un hábito de pertenencia y participación, interiorizado por millones de personas en todo el mundo. La COVID-19 —que a finales de 2023 contabilizaba más de siete millones de fallecidos— ha influido sobre el modelo de vida de una parte de la humanidad. Uno de sus efectos más notables en los inicios de la pandemia fue el incremento del uso de todo tipo de pantallas y la adscripción a redes sociales, para contrarrestar las restricciones de movilidad y la incomunicación personal. Esto se producía en un nuevo espacio público global alterando su naturaleza secular. Para el profesor de la Universidad de la Sorbona, Patrick

Charaudeau, a finales de los años 90, el espacio público no podía ser universal, «por el contrario, depende de las especificidades culturales de cada grupo, aunque puedan advertirse similitudes entre algunos de ellos por el hecho de pertenecer a una misma área civilizatoria»[118]. La reflexión sincrónica de Charaudeau fue rebatida por la homogeneización producida por la tecnología digital y la conformación de la sociedad en red, la primera década del nuevo milenio.

El propio Charaudeau rectificaría en 2009, denunciando el discurso populista en el nuevo espacio público, que a partir de 2016 generaría lo que colegimos como «posverdad» y colonizaría las redes: «Se observa que el discurso político es un lugar de verdad capciosa, de "simular", dado que lo que cuenta no es tanto la verdad de esa palabra proferida públicamente, como su fuerza de verdad, su veracidad, por sus condiciones de dramatización que exigen que los valores sean presentados según un guion dramático capaz de conmover al público»[119]. De este modo, la posverdad se extiende al relato con el constructo de hacerlo unívoco e infalible. Oxford Dictionaries designó el vocablo «posverdad» como su palabra internacional de 2016, dando carta de naturaleza a su utilización en la esfera cotidiana. La elección se enmarcaba en un contexto de

---

[118] Charaudeau, Patrick. *El discurso de la información*. Gedisa S. A. (Barcelona, 2003). Pág. 129.

[119] Charaudeau, Patrick. *Reflexiones para el análisis del discurso populista.* Universidad de París (2009). iscurso (dissoc.org)

tensión política con altos grados de populismo, derivado de la votación del Brexit y las elecciones presidenciales de Estados Unidos de 2016, polarizadas por Donald Trump y en las que se haría con la victoria. Para Oxford Dictionaries, el término posverdad «guarda relación con las circunstancias en las que las personas responden más a los sentimientos y creencias que a los hechos. En esta era de política de posverdad, es fácil seleccionar datos y llegar a cualquier conclusión que se desee»[120].

Superada la COVID-19, las redes acentúan su evolución hacia formas comunicativas alejadas de la interlocución, aunque ralentizando su crecimiento, en lo que algunos creen que es el principio de su declive. Además de Twitter (X) y su desplome debido a la gestión de Elon Musk, reincorporando a supremacistas y expulsando a periodistas, Facebook e Instagram sufren el abandono de los abonados más jóvenes. Estos migran a Tik Tok y a BeReal —donde comparten fotos y textos en cualquier momento del día—, redes que no dejan de ser altavoces monocordes. La mensajería encuadrada en WhatsApp y Telegram gana diariamente suscriptores y consolida una comunicación que relega el contacto telefónico hablado y el discurso dialógico.

Los *influencers* han sido desde un principio los agitadores de las redes, a las que legitiman a diario en consonancia con sus intereses

---

[120] https://www.oxfordlearnersdictionaries.com/us/definition/english/post-truth. (Última consulta: 25-08-2022).

económicos o de imagen. Con escasos atributos de autoridad, su papel adquiere relevancia si tenemos presente que a diario navegan por internet cerca de 3500 millones de personas, un 45 % de la población mundial. Y que el usuario de redes precisa un guía «reconocido» para leer la actualidad o tener opinión sobre cualquier tema desde lo científico a lo mundano. Sin embargo, esta descripción generalista requiere matices: al constituir las redes un altavoz formidable, cada vez son menos los profesionales de diversos estratos que se sustraen a utilizarlas. Por ello, no es baladí encontrar, aún de forma escasa, profesionales cualificados actuando como *influencers*, blogueros, *youtubers* o *podcasters*. La revista Forbes[121] agrupa a los *influencers* en las categorías de Entretenimiento, Fashion, Comida, Lifestyle, Motor y Nex gen. Los *influencers* españoles más seguidos, con datos de 2022, son el *youtuber* Rubén Doblas «El Rubius», con 40,4 millones de suscriptores, seguido por el también *youtuber* Vegeta 777, Samuel de Luque, que supera los 33 millones de suscripciones.

Junto a la dimensión emocional, no podemos hacer abstracción de la mentira como una parte de la dualidad del ser humano, y de su proliferación en momentos decisivos de la historia. Incontables testimonios acreditan el uso de falsedades de diversa caracterización y su difusión especialmente en la política, hasta el punto de que, en nuestro presente, como afirma el periodista inglés Matthew

---

[121] https://forbes.es/mejores-influencers-2022/. (Última consulta: 07-10-2022).

d'Ancona, «ya hemos dejado de esperar que nuestros políticos electos digan la verdad: por ahora, eso se ha borrado de los requisitos para el cargo, o por lo menos se ha visto sustancialmente relegado en la lista de los atributos exigidos»[122].

Desde los sofistas a los filósofos posmodernos, donde el relativismo juega un papel cardinal, cabe trazar un vector para completar una visión poliédrica de nuestra realidad. Jacques Derrida y Michael Foucault deconstruyeron y armaron una narrativa con notables aportaciones, conjugadas en un nuevo relato filosófico del mundo al que no era ajeno Heidegger. El maestro y compañero de Hannah Arendt consideraba que el dominio tecnocientífico del planeta cerraba la época de la metafísica de Platón, que se había extendido durante siglos hasta los años 50-60 del s. XX. Estas derivadas filosófico-políticas adquieren voz propia con Ernesto Laclau y Chantal Mouffe, autores de *Estrategia socialista,* en 1985. Podemos concluir, aun simplificando, que a partir de ese instante eclosiona lo que hoy entendemos por nueva izquierda, que da carta de naturaleza a la teoría *woke*, y que ha empoderado a individuos y colectividades expulsados por el sistema neoliberal. Según Laclau y Mouffe, los antagonismos particulares han de reconvertirse en la lucha global de toda una sociedad. Para estos pensadores esto se logra —partiendo de una visión posmarxista— fomentando la confrontación (no ya las contradicciones de clase) entre los individuos, puesto que es una

---

[122] D'Ancona, Matthew. *Postverdad. La nueva guerra contra la verdad y cómo combatirla.* Alianza Editorial (2019). Edición Kindle. Pág. 420.

dimensión esencial de la actividad humana y correlativamente de la política. En consecuencia, es preciso tensionar la sociedad para enfrentarla en su conjunto al poder.

Jürgen Habermas, el último gran representante de la escuela de Fráncfort, disiente y se aleja de la ortodoxia marxista que marcó la primera etapa de esta importante academia de pensamiento. En su *Teoría de la acción comunicativa* apela a encontrar códigos compartidos en la función comunicativa para fomentar la interacción y el entendimiento entre los seres sociales, tanto a nivel grupal como individual, siempre pivotando sobre la igualdad y la emancipación. Tal como señala la filósofa Cristina Lafont, Habermas ofrece «una fuente de inspiración permanente, así como herramientas teóricas indispensables para los movimientos democráticos de izquierdas contemporáneos»[123].

Las redes sociales podrían ser el epicentro de un gran debate cardinal para el perfeccionamiento de la democracia y la búsqueda de mecanismos participativos asimilables hasta cierto punto a los de una democracia directa. La interacción se produce en las redes sociales, pero es de una baja calidad. Su banalización e instrumentalización desacreditan su función. Una red profesional y académica como Linkedin, con más de veinte millones de usuarios, que ha cimentado cierto prestigio, ha sido utilizada espuriamente por sus administradores. La revista *Science* publicó en el mes de septiembre

---

[123] *El País*, 25.06.2023. Pág. 6.

de 2022 un estudio[124] en el que certificaba que Linkedin había realizado experimentos sociales, entre 2015 y 2019, con veinte millones de usuarios sin su consentimiento expreso. Los responsables de Linkedin dedujeron que las conexiones sociales relativamente débiles eran más útiles para encontrar trabajo que las relaciones sociales más fuertes. Michael Zimmer, profesor asociado de informática y director del Centro de Datos, Ética y Sociedad de la Universidad de Marquette, concluía que algorítmicamente se había beneficiado a determinados usuarios, y que estas «consecuencias a largo plazo deben contemplarse cuando pensamos en la ética de participar en este tipo de investigación de big data»[125].

La irrupción de internet a finales de los 90 fue catalogada desde una amplia óptica progresista como el gran instrumento revolucionario que aportaba la tecnología y que la humanidad había estado esperando. Previamente, Baudrillard, uno de los grandes filósofos posmodernos, en los años 80 diseccionó desde el campo de la semiótica lo que entendemos por realidad y concluyó que cada vez había más información y menos significado, acertando de pleno. La Word Wide Web en sus inicios parecía conjugar los anhelos de Baudrillard, quien, en su obra nuclear *Cultura y simulacro,* publicada una década antes, en 1981, se extiende sobre el incipiente modelo

---

[124] https://www.science.org/doi/10.1126/science.abl4476. (Última consulta: 25-09-2022).

[125] https://www.nytimes.com/2022/09/24/business/linkedin-social-experiments.html. (Última consulta: 25-09-2022).

de las radios «piratas» o radios libres, que emiten al margen de las regulaciones oficiales, confiriéndoles un papel revolucionario. En su análisis sobre este fenómeno puntual encontramos una analogía prospectiva sobre internet: «inabarcable hormiguero puntual, territorio movedizo, pero territorio de todos modos, refractario al espacio político homogéneo»[126].

Índice de evaluación de desinformación en webs

Antes de que se desatara el conflicto entre Ucrania y Rusia, la desinformación era ya una de las principales preocupaciones acerca del colosal tráfico carente de validación que circula por la red. La desinformación degrada la confianza de la ciudadanía en el conjunto de las instituciones. Ninguna de ellas es inmune al bombardeo constante de falsedades. En uno de los estudios más completos sobre esta materia, publicado por *Science* en 2018, se constataba que, en Twitter (X), de 2006 a 2017, tres millones de personas habían difundido cerca de 126.000 rumores o noticias sin fundamento. Según este trabajo de los investigadores Soroush Vosoughi, Deb Roy y Sinan Aral, «las noticias falsas llegaron a más personas que las verdaderas; el 1 % superior de paquetes de noticias falsas se difundió entre 1000 y 100.000 personas, mientras que las verdaderas rara vez

---

[126] Baudrillard, Jean. *Cultura y simulacro.* (1981). https://www.studocu.com/latam/document/universidad-de-la-republica/estetica-general/cultura-y-simulacro-jean-baudrillard-texto-completo-pdf/22658293. (Última consulta: 26-08-2022).

se difundieron a más de 1000 personas»[127]. Así, las noticias falsas tenían mayor capacidad de atracción, propagándose a mucha mayor velocidad. Se estimaba que lo hacían seis veces más deprisa que los contenidos veraces.

En EE.UU. se creó, en 2021, el Índice de desinformación de Jin-Hafiz (JHDI), para contrarrestar la desinformación y calificar la calidad de la información en los diferentes Estados de la Unión. El JHDI, que deja a un lado la desinformación generada por instituciones, tiene en cuenta variables demográficas, extracción social, grado de formación, dominio del idioma mayoritario, situación laboral y acceso a redes:

- Raza: personas categorizadas como minorías raciales o étnicas.

- Hablar inglés: de menos a muy bien.

- Pobreza: personas en nivel de penuria en el último año.

- Nivel educativo: personas de 25 años o más que no tienen ningún título universitario.

- Desempleo: tasa de desocupación para personas de 20 a 64 años.

- Acceso a internet.

Los creadores del JHDI concluyen que, ante la irrupción de nuevos medios y su incorporación al tejido social, «las instituciones deben

---

[127] https://www.science.org/doi/10.1126/science.aap9559. (Última consulta: 07-09-2022).

evolucionar para adaptarse a los nuevos ecosistemas de información para promover la información basada en hechos confrontándola con la falsedad»[128]. El JHDI se utilizó en 2021 para medir el grado de desinformación acerca de la COVID-19 en EE. UU.; según una encuesta de NPR/Marist[129], uno de cada cuatro estadounidenses rechazaba vacunarse, respondiendo a rumores infundados. Los responsables del JHDI proponían utilizar esta herramienta para «clasificar las áreas más vulnerables y crear campañas específicas para contrarrestar la desinformación viral y fomentar la vacunación en todas las plataformas para combatir la desinformación»[130].

Con objeto de contrarrestar la desinformación en todo el planeta se creó, en 2018, el Índice Global de Desinformación (GDI), impulsado por una organización bajo estas siglas sin fines de lucro. Sus principales recomendaciones, presentadas al relator del Consejo de Derechos Humanos de la ONU, se resumen en:

• Abordar la desinformación en tanto que conjunto de conflictos narrativos que socavan los valores, normas y principios de los derechos humanos.

---

[128] https://www.ncbi.nlm.nih.gov/pmc/articles/PMC8236314/. (Última consulta: 07-09-2022).

[129] https://maristpoll.marist.edu/wp-content/uploads/2021/06/ NPR_Marist-Poll_USA-NOS-and-Tables_202103291133.pdf#page=3. (Última consulta: 09-09-2022).

[130] *Idem.*

- Limitar el alcance de la desinformación y su replicación algorítmica, ofreciendo a los usuarios en línea los mecanismos necesarios para proteger sus derechos.

- Desmonetizar la desinformación que se localiza en la publicidad en línea, pago electrónico, comercio electrónico y diversas plataformas con intereses lucrativos.

En la esfera comercial esta preocupación se hace extensible a los contenidos que se difunden de forma paralela a la publicitación de determinados productos de consumo. GDI evalúa los riesgos de desinformación en la web abierta, centrando su supervisión en los mercados de medios, marcas comerciales, gasto publicitario y en acciones espurias de índole política. El GDI ha evidenciado que, no obstante las medidas adoptadas por marcas de constatable entidad, algunas agencias siguen insiriendo publicidad de firmas solventes junto a contenidos de desinformación. Entre las marcas involucradas figura Puma, que en la web zerohedge.com, en el mismo plano en que se publicitaban sus productos, podía leerse: «A medida que avanza la guerra entre Rusia y Ucrania, la invasión sin duda serviá para envalentonar facciones neonazis, desde milicias hasta partidos políticos en toda Ucrania... Está claro que el neonazismo en Ucrania está lejos de ser una pieza de propaganda patrocinada por el Kremlin»[131]. La infausta

---

[131] file:///C:/Users/Usuario/Downloads/gdi_ad-funded-disinformation-on-russia-ukraine-conflict_24-march-2022%20(1).pdf. (Última consulta: 06-09-2022).

150

práctica —no conceptuable como de desinformación— de asociar publicidad con contenidos informativos es habitual en el conjunto de medios. Del mismo modo que periodistas de diversa condición ejercen de publicistas y predictores.

Entre 2024 y 2025 se estima que 2000 millones de personas acudirán a las urnas en cerca de 70 elecciones en EE. UU., la UE, India, México e Indonesia, así como en países con un acusado declive democrático (como Túnez, Etiopía y Egipto). La Coalición Global por la Justicia Tecnológica, un movimiento integrado por periodistas, académicos, expertos y ciudadanos en general, demanda a las principales tecnológicas que sus plataformas estén preparadas para proteger la democracia y la seguridad durante esos comicios. Según la Coalición, hasta ahora «la mayoría de estas corporaciones —Meta (Facebook, Instagram, WhatsApp, Threads), Google (YouTube), Twitter (X), TikTok— han sido negligentes al abordar los impactos [de la desinformación] en sus redes sociales y productos de mensajería»[132]. La novedad en estas consultas electorales es la presencia omnímoda de la IA —de ahí la preocupación expresada por la citada organización —, que podría manipular las campañas como nunca se previó; y superar el cometido espurio que tuvo Cambridge Analytica en 2016 en el triunfo de Donald Trump en las elecciones de EE. UU., y en la salida del Reino Unido de la

---

[132] https://yearofdemocracy.org/#:~:text=The%20Global%20Coalition%20for%20Tech%20Justice%20enables%20global%20coordination%2C%20knowledge,by%20unsafe%20social%20media%20platforms. (Última consulta: 15-09-2023).

UE tras el referéndum sobre el Brexit. Si entonces algoritmos manipulados en redes sociales y plataformas jugaron un papel determinante, la IA generativa multiplicaría exponencialmente esos riesgos.

Quienes generan desinformación para lucrase apenas son objeto de identificación y sanción en una gran parte del mapamundi. No sucede lo mismo en la Unión Europea, donde la Ley de Servicios Digitales aprobada en 2022 sí contempla la responsabilidad de quienes con incentivos económicos y publicitarios difunden desinformación. Este corpus legal supone el mayor esfuerzo para hacer frente a un fenómeno creciente que amenaza al propio sistema democrático. De entre un amplísimo catálogo garantista, destaca:

- La posibilidad de impugnar las decisiones de los moderadores de contenidos de las plataformas.

- La prohibición de determinado tipo de anuncios selectivos *online*.

- Transparencia sobre los algoritmos utilizados.

- Escrutinio especial de los motores de búsqueda y las plataformas de gran tamaño.

La Ley de Servicios Digitales entró en vigor para las plataformas *online* en agosto de 2023.

En otra escala, figura una serie de herramientas que Google, el principal buscador de información, se ha comprometido a implementar para la verificación de contenidos. Entre los nuevos recursos se encuentra Google News Initiative, en asociación con la Red Internacional de Verificación de Hechos (IFCN), del Instituto Poynter, que sin fines de lucro «proporciona capacitación y recursos a verificadores de hechos y expertos de la industria en todo el mundo».

Solo una pedagogía crítica sobre el uso de las redes y los ilimitados recursos que nos ofrecen las tecnologías interactivas podría alterar la amenaza global que supone una esfera pública saturada de información no contrastada y contenidos en colusión.

La credibilidad de los medios cuestionada

En los últimos años ha aumentado el número de españoles que consideran que los medios no actúan de forma independiente respecto a la presión de los políticos o del Gobierno. Quienes opinan esto han pasado del 57 %, en 2017, al 61 %, en 2022. Asimismo, una mayoría certifica la dependencia de los medios en relación con los poderes económicos o grupos empresariales, en un porcentaje que se ha elevado del 55 %, en 2017, al 57 % en 2022, según datos para España de Digital News Report 2022[133]. Este estudio refleja que cada vez es más notoria la desconfianza de la ciudadanía respecto a la credibilidad de los medios reflejada en los datos de 2022, lo que presenta «un panorama muy preocupante para las empresas informativas españolas. La pérdida de crédito ha sido continua desde

---

[133] La independencia de los medios españoles ante los grupos de presión, bajo sospecha | Digital News Report España 2022. (Última consulta: 15-09-2022).

153

2017, año en el que más de la mitad de los encuestados declaraban fiarse de los medios (51 %) y solo un 24 % se mostraba escéptico ante las noticias»[134]. Estos porcentajes colocan a España en la lista de diez países con menor confianza en las noticias que difunden sus medios de comunicación. Telecinco es el que más ha acrecentado la desconfianza en sus informaciones los dos últimos años, bajando catorce puntos: del 43,6 % que confiaba en sus noticias en 2020 al 29,2 % en 2022. Le siguen La Sexta, *Eldiario.es*, *El Confidencial*, *El Periódico de Catalunya*, RTVE y *20 Minutos*.

Todavía es más preocupante, si cabe, el desinterés creciente por la información, dato que refleja también el estudio de Reuters Institute ya comentado. El grupo más numeroso de descreídos lo constituyen los conocidos como «ninis informativos», que dudan de la fiabilidad de las noticias y adolecen de interés por informarse. Son un 36 % de los consultados, lo que supone once puntos porcentuales más que en 2021. Es un fenómeno unívoco, según destaca el estudio de Digital News Report: «El aumento de personas desinteresadas y desconfiadas no es exclusivo de España. Se trata de un fenómeno global que se ha dado en la mayoría de los países analizados, cuyo promedio de encuestados "ninis" desinteresados y desconfiados también ha aumentado significativamente hasta el 33 %, seis puntos porcentuales más que el año pasado»[135]. Si dejamos a un lado los medios convencionales, observamos una diferencia reseñable

---

[134] *Idem.*
[135] *Idem.*

154

respecto al seguimiento de las noticias en línea: nueve de cada diez internautas españoles están interesados «totalmente/mucho/ ligeramente» (89 %). De forma general, los más concernidos por la información son los mayores de 45 años, mientras que «casi dos de cada diez jóvenes de 18 a 24 años (19 %), al igual que dos de cada diez jóvenes adultos de 25 a 34 años (21 %) afirman no estar interesados en la actualidad (11%)»[136].

El parámetro credibilidad no forma parte esencial de las variables valorativas del conjunto de redes sociales más utilizadas. Pero implícitamente sí guarda cierta relación con su predicamento popular. En este apartado, entre los sitios web más visitados en todo el mundo, en 2022, Google recuperó el primer puesto, según Cloudflare[137], una de las empresas de servicios de Internet más importantes que monitoriza permanentemente las redes.

Webs más visitadas en las principales modalidades de tráfico en la red

	General	Redes sociales	Video *streaming*	Metaverso y juegos
1	Google	Facebook	YouTube	Roblox
2	Facebook	TikTok	Netflix	Xbox (Xbox Live)

---

[136] *Idem.*

[137] https://radar.cloudflare.com/year-in-review/2022#most-popular-internet-services.

	General	Redes sociales	Video *streaming*	Metaverso y juegos
3	Apple	Instagram	Twitch	PlayStation
4	TikTok	Twitter	Roku	Epic Games (Fortnite)
5	YouTube	Snapchat	Disney Plus	Oculus, Steam
6	Microsoft	Linkedin	Prime Video	
7	Amazon Web Services	Discord	Hulu	Electronic Arts
8	Instagram	Reddit	HBO (HBO Max)	Nintendo
9	Amazon	Pinterest	Pluto TV	Riot Games
10	iCloud, Netflix, Twitter, Yahoo	Kwai	Vimeo	Blizzard

* Sitios web más populares en 2022. Fuente: Cloudflare Radar 2022.

El Metaverso —cuya génesis, potencialidades e impacto humano analizaremos en el Cap. 4— adquirió consistencia comercial con la conversión en 2021 de Facebook, la empresa de Mark Zuckerberg, en Meta. Esta circunstancia supuso el punto de partida hacia la introducción generalizada del Metaverso, con el objetivo de transformar internet y nuestro devenir. Sin embargo, la eclosión de la IA con los *chatbots* GPT, dio al traste con los proyectos de Meta.

En la tabla anterior podemos ver las webs que destacaban en 2022 con experiencias preliminares simples de metaverso, según Cloudflare. Roblox, la más popular, es una plataforma de videojuegos *online* que implementa el sistema Roblox Studio, en las coordenadas conceptuales del metaverso. Con él sus usuarios crean sus propios mundos virtuales y diseñan juegos a medida; siempre a partir de las «piezas» que pone a su disposición Roblox previo registro. Esto último guarda paralelismo con el Lego: precisa atención, consume tiempo y resulta divertido. Roblox ya se había consolidado en 2021 como el videojuego más popular, concitando el interés de un 38 % de usuarios regulares.

CAPÍTULO 3
LA TENTACIÓN VIRTUAL

Emociones y consciencia

La arquitectura tecnológica de la que pende nuestro mundo responde a motivaciones complejas del ser humano, pero también a simples mecanismos que proporcionan satisfacción inmediata. En este punto, no podemos dejar de considerar que «el ser humano es su cerebro», y que por antonomasia el placer forma parte inseparable de su vida cotidiana a partir de determinados niveles de serotonina y dopamina, entre otros neurotransmisores que regulan infinidad de funciones. Pero no es el placer el motor fundamental de la humanidad, sino las emociones que, naturalmente, pueden llevar aparejadas vivencias placenteras o no. Vivimos en una hiperactividad tecnológica que conduce a una homogeneización cultural de las emociones como nunca había experimentado la humanidad. «Las numerosas y diversas formas de expresión emocional que en el pasado han variado de una cultura a otra y de un período histórico a otro hoy se están fusionando en una sola»[138].

Existen infinidad de emociones que podemos categorizar atendiendo a nuestra particular percepción de lo ocurrido. Estas emociones

---

[138] Firth-Godbehere, Richard. *Homo emoticus*. Penguin Random House Grupo (2022). Pág. 352.

159

pueden ser positivas o negativas, pasando por un amplio corolario de manifestaciones, algunas innatas, que suelen categorizarse en seis: alegría, tristeza, miedo, ira, sorpresa y repugnancia. Sin embargo, universalizar las emociones como respuestas idénticas a determinados estímulos y situaciones se ha demostrado incierto. Los psicólogos Ekman, Tomkins y Friesen teorizaron en los 60 sobre estas emociones y su correlación con otras tantas expresiones faciales. Lo hicieron con personas de raza y credo diferentes en EE. UU., pero su universo visual era el cine, la televisión, el arte y la fotografía occidentales de consumo común con predominio del inglés. Si esta misma investigación se realiza en países o entornos diferenciados, observamos que el signo significado/significante varía; por ejemplo, una precipitación de nieve en Sevilla (junto a la Giralda) emociona, mientras que ese mismo fenómeno atmosférico en un país ártico produce indiferencia, y en ambos casos las expresiones faciales también son diferentes. Por tanto, las conclusiones universalizadoras sobre las emociones adolecían de un sesgo evidente. En la última década no ha variado en demasía el debate entre universalistas y constructivistas que dominó los años 70. Los primeros ponen el acento sobre lo innato y los segundos teorizan sobre la construcción social de las emociones. Hoy podemos concluir que existe un gran número de emociones que pueden clasificarse como cardinales, pero que varían entre individuos, al igual que de una cultura a otra.

Llegados a este punto, debemos hacer uso de las neurociencias, un campo en constante progreso, para poder descubrir y ahondar en los mecanismos que ayudan a explicar racionalmente nuestras emociones. Basta con observar que la mayor parte de las rutinas que llevamos a cabo son controladas por la parte de la mente no consciente. Las sinapsis de nuestro cerebro conformadas por las conexiones de millones de neuronas o células cerebrales forman un órgano impresionante: «Unos 88.000 mil millones de neuronas existen en nuestro cerebro, y cada una de ellas puede tener miles o decenas de miles de terminaciones, que forman sinapsis cuando se conectan a otras neuronas»[139]. Las sinapsis liberan los neurotransmisores, a los que antes aludíamos, que comunican una señal nerviosa entre neuronas. Se trata de mensajes eléctricos codificados que permanentemente dan al cerebro todo tipo de órdenes: emocionales o instrumentales. El cerebro está dividido en una serie de zonas —con neuronas que realizan funciones específicas en cada una de ellas— llamadas «lóbulos» (parietal, occipital, amígdala, hipocampo e hipotálamo, entre otros). «Lo que la neurociencia está empezando a hacernos entender es que nuestro cerebro funciona de la manera en que lo hace no solo por las diferencias entre las regiones del cerebro, sino también por la manera en que el cerebro está conectado con otras áreas»[140].

La secuenciación de nuestro cerebro, como se logró con el genoma humano, abrirá una etapa decisiva pero también inquietante. Una

---

[139] Tranter, Mike. *Un millón de preguntas para un neurocientífico: descubriendo el cerebro,* n.º 3. Edición Kindle (2021). Pág. 10.
[140] *Ibid.* Pág. 18.

161

serie de pacientes con dolencias hasta ahora incurables como el ELA podrán superarlas con las aportaciones de la neurotecnología; también trastornos mentales graves, desde el alzhéimer a las psicopatías, y disfunciones del habla, la visión y el aparato psicomotor. Se trata de modificar en todos los casos el comportamiento del cerebro, utilizando técnicas cada vez más precisas. El español Rafael Yuste, uno de los neurólogos más acreditados, reconoce que hoy ya es factible «registrar y cambiar la actividad cerebral... En mi laboratorio somos especialistas en registro, desciframiento y manipulación de actividad cerebral en ratones. Y lo hacemos no porque queremos esclavizarlos, sino curar el alzhéimer o la esquizofrenia entendiendo cómo funciona el cerebro»[141]. Sin embargo, el doctor Yuste alerta —tal como avanzábamos en el Cap. 2— de que estas técnicas curativas pueden servir también para desentrañar lo que una persona piensa y manipular toda su actividad cerebral, por lo cual cabe establecer neuroderechos: «Hemos propuesto el derecho a la privacidad mental de manera que el contenido de la actividad cerebral no pueda ser descodificado sin consentimiento; el derecho a la identidad personal y al libre albedrío»[142]. A tal efecto, el proyecto BRAIN (investigación del cerebro mediante el avance de tecnologías innovadoras), impulsado por Rafael

---

[141] https://www.abc.es/salud/enfermedades/neurotecnologia-puede-camino-liberar-enfermos-ela-alzheimer-20230828135458-nt.html. (Última consulta: 31-08-2023).

[142] *Idem.*

Yuste, parte de una premisa ética en cada uno de sus avances en neurociencias. La secuenciación con éxito del genoma ha abierto una nueva investigación con la ayuda indispensable de la IA para categorizar cada ser humano. Pero para secuenciar el cerebro y descifrar por completo sus funciones resta un largo camino.

Si la estructura y el funcionamiento del cerebro son todavía objeto de una investigación inconclusa, todo aquello que atañe a la naturaleza de nuestra consciencia presenta enigmas profundos. La consciencia parece ser el resultado de una interacción constante entre diversas áreas del cerebro. Lo más sobresaliente es que la consciencia nos advierte de nuestra existencia y, como si fuera un transductor, nos facilita información sobre nosotros mismos, mental y fisiológica, emplazándonos en coordenadas espacio temporales. Cuando analicemos el metaverso, observaremos la importancia capital de la conciencia en el ser humano, que es una extensión de la consciencia; pero en una esfera moral que gira en torno al bien y el mal, que dimana de nuestra conducta, hasta ahora inaccesible para ser creada y transferida en el entorno de la IA.

La conciencia —concepto presente en la mayor parte de culturas— guarda relación con la moralidad del ser humano, partiendo de la consideración de que aquello que es bueno para él también debe serlo para los demás. Desde una vertiente religiosa, la conciencia se ha interpretado como la voz justa de un Dios o ente superior, que dicta lo correcto a cada ser humano. También filósofos, psicólogos y sociólogos se han interesado por su estudio. Kant, en su concepto fundacional de la ética moderna sobre «la obra bien hecha», expuesta ya en *Crítica de la razón práctica* (1788), establece sus bases en *Fundamentación de la metafísica de las costumbres* (1785). La conciencia discurre a partir del imperativo práctico o imperativo categórico que «obra de tal modo que te relaciones con la humanidad, tanto en tu persona como en la de cualquier otro, siempre como un fin, y nunca como un medio»[143]. Del «intuicionismo» de Kant pasamos a los científicos sociales, empiristas en buen grado. Sigmund Freud, en los años veinte del siglo pasado, teorizó sobre el «superyó»: un componente esencial de la personalidad que se forma a partir de la incorporación de los valores morales en la niñez en relación estrecha con la aprobación o el castigo de los padres a los actos de sus hijos. Así surge la conciencia, que es la interiorización del conjunto resultante de prohibiciones, condenas e inhibiciones acumuladas en el superyó: «La instauración del superyó puede ser descrita como un caso plenamente conseguido de identificación con la instancia parental. El hecho decisivo para esta concepción es que la nueva creación de una instancia superior en el "yo" se halla íntimamente enlazada a los destinos del complejo de Edipo, de manera que el "superyó" se nos muestra como el heredero de esta vinculación afectiva, tan importante para la infancia»[144].

---

[143] Kant, Enmanuel. *Fundamentación de la metafísica de las costumbres.* Espasa Calpe (Madrid, 1994). Pág. 103-104.

[144] Freud, Sigmund. *Nuevas aportaciones al psicoanálisis.* Biblioteca Nueva (Madrid, 1968). Vol. 2. Pág. 908.

Mediante el empleo de modelos computacionales, un grupo de investigadores reafirmó, en 2022, que cerebro y cuerpo están íntimamente ligados. Esto convalida el rechazo a distinguir entre lo físico y lo mental cuando se analiza el cuerpo humano, impugnando así el paradigma cartesiano que diferenciaba a ambos como entidades independientes. Estos científicos concluyeron que «el cerebro es un ejemplo paradigmático de un sistema complejo, y diferentes perturbaciones de su funcionamiento preciso pueden servir como un camino hacia la pérdida de consciencia»[145]. Para los autores de la investigación, los efectos de la administración de anestesia en una intervención quirúrgica producen estas alteraciones de la consciencia; también «lesiones de diversa ubicación y extensión, que a menudo incluyen cambios en la conectividad física entre las regiones del cerebro»[146]. En 2016, cuatro neuroinvestigadores de referencia — Cristo de Koch, Marcelo Massimini, Melanie Boly y Giulio Tononi— fundamentaron lo que hoy de forma compartida se entiende por «consciencia»: «Ser consciente significa que uno está teniendo una experiencia... ver una imagen, escuchar un sonido, tener un pensamiento o sentir una emoción»[147].

---

[145] https://www.nature.com/articles/nrn.2026.22. (Última consulta: 03-10-2022).

[146] *Idem.*

[147] https://www.nature.com/articles/s42003-022-03330-y. (Última consulta: 03-10-2022).

165

El último periodista

Las tecnologías inteligentes buscan dotarse a sí mismas de emociones, y con tal fin persiguen la tabulación emocional de sus usuarios. Conferir a sus *chatbots* una conciencia, como culmen de la conciencia robótica, no se descarta —al menos a largo plazo—. La carrera comenzó con los asistentes en línea sin interrupción como Alexa de Amazon, Google Assistant, Siri de Apple, Cortana de Microsoft o Bixbyn de Samsung. Todos ellos, paulatinamente, incorporan locuciones emocionales y presencia «humana» a través de la modulación emocional del contenido de sus respuestas. Su correlato es determinar y cuantificar las emociones de sus clientes. Este valioso mapa emocional del *homo digitalis* es el principio motor de la IA y del Chat GPT. La vieja ensoñación de los transhumanistas, «trasplantar nuestro cerebro a un robot» y que este sea consciente, no parece hoy tan descabellada. Esto abre posibilidades inciertas como la de crear en vida nuestros clones robóticos que nos sustituirán una vez hayamos muerto. Esto último bascula entre una propuesta «simbólica» y la que se propone transferir la copia de todo nuestro cerebro a la nueva máquina inteligente, eventualidad condicionada por las lagunas e interrogantes que presenta todavía el estudio del cerebro humano, junto a las inteligencias que acumula en una taxonomía difícil de acotar.

El psicólogo e investigador Howard Garner, profesor de la Universidad de Harvard, partiendo del paradigma constructivista, en su teorización sobre las inteligencias múltiples[148], ha sistematizado en nueve las inteligencias que concurren en un ser humano. Gardner cuestiona la psicología conductista según la cual, como él mismo describe, «tenía sentido creer en las habilidades humanas "innatas", en un aprendizaje que seguía una curva suave, probablemente lineal, desde la infancia hasta la vejez... en condiciones cuidadosamente controladas y sumamente descontextualizadas»[149]. Apoyándose en la psicología evolutiva de Jean Piaget, Garner fija su atención en los niños como referencia de sus estudios, concluyendo que «cualquiera que haya pasado una cantidad significativa de tiempo con niños, ya sea como maestro, asesor, terapeuta o miembro de la familia, se habrá sorprendido de las amplias diferencias existentes entre cada niño, incluso entre los que proceden de la misma familia»[150]. A partir de esta evidencia, Garner elabora su propuesta de las inteligencias múltiples: «Todos los niños eran evaluados y alineados a lo largo de una única dimensión, bastante estrecha, llamada "inteligencia". Desde mi punto de vista, la intuición de que había algo fundamentalmente sesgado en ese enfoque... hizo crecer las expectativas en torno a la teoría de las

---

[148] Gardner, Howard. *Inteligencias múltiples.* Paidós Educación. Edición Kindle (2019). Pág. 29.

[149] *Ibid.* Pág. 259.

[150] *Ibid.* Pág. 108.

inteligencias múltiples»[151]. Inicialmente, para Garner, estas eran siete:

Inteligencia lingüística
Materializa la interacción de las inteligencias.

Inteligencia lógico-matemática
Pone de manifiesto la capacidad científica.

Inteligencia espacial
Es la capacidad para formarse un modelo mental de un mundo espacial y para maniobrar y operar usando este modelo.

Inteligencia musical
Leonard Bernstein la tenía en gran proporción; Mozart, presumiblemente, aún tenía más.

Inteligencia corporal y cinética
Es la capacidad para resolver problemas o para elaborar productos empleando el cuerpo o partes de este. Bailarines, atletas, cirujanos...

La inteligencia interpersonal
Es la capacidad para entender a las otras personas: lo que les motiva, cómo trabajan, cómo trabajar con ellos de forma cooperativa.

---

[151] *Ibid*. Pág. 109.

La inteligencia intrapersonal

Es la capacidad de formarse un modelo ajustado, verídico, de uno mismo y de ser capaz de usar este modelo para desenvolverse eficazmente en la vida.

En la primera década de 2000, Gardner completó este corolario de inteligencias con otras dos:

Inteligencia naturalista o medioambiental

Tiene que ver con la capacidad de observación y reflexión sobre lo que sucede en el medio ambiente.

Inteligencia existencial

Está relacionada con la búsqueda de la trascendencia. Contrariamente a los test de inteligencia —y, por tanto, a los CI—, Gardner fija la inteligencia en aquellas personas con «capacidad para resolver problemas, o para elaborar productos que son de gran valor para un determinado contexto comunitario o cultural».

La IA ¿podrá acceder a este escalafón humano, establecer la trazabilidad de la consciencia hasta adquirir sus robots una conciencia propia?

La condición humana y la felicidad

La condición humana se suele utilizar de forma habitual como un constructo unificador para definir la «esencia del ser humano», y para relativizar acciones que sobrepasan la lógica o que vulneran un compromiso moral. Sin embargo, la condición básica del ser humano es su pluralidad. Sería más propio, pues, hablar de condiciones humanas, que tanto en su multiplicidad como en su singularidad no cabe identificarlas con la naturaleza humana. Para Hannah Arendt, «es preciso evitar malentendidos, la condición humana no es lo mismo que la naturaleza humana, y la suma total de las actividades y capacidades humanas que corresponden a la condición humana no constituye nada que se pueda identificar con la naturaleza humana»[152].

Así, la condición humana es el conjunto de condicionantes diversos que afronta una persona a lo largo de su devenir. «*La condición humana alcanza algo más que las condiciones bajo las cuales le ha sido dada la vida al hombre. Los hombres son unos seres condicionados porque cada cosa con la que se ponen en contacto se vuelve inmediatamente en una condición de su existencia*»[153]. Trasladando esta premisa al actual mundo hipertecnologizado, colegimos que nunca fueron tantos y tan disfuncionales los condicionantes para la existencia humana como los que emanan de la convivencia digital. En estas coordenadas, prospectivamente, Hannah Arendt prefigura la sumisión tecnológica del ser humano: «Si resultara verdad que el conocimiento (en el sentido moderno de "competencias" [know-how]) y el pensamiento se han separado el uno del otro, entonces nos convertiríamos en los desvalidos esclavos no tanto de nuestras

---

[152] Arendt, Hannah. *La condició humana.* Editorial Empúries. Edición Kindle (2009). Pág. 13.
[153] *Ibid.* Pág. 12.

170

máquinas como de nuestras competencias, criaturas irreflexivas al arbitrio de cada aparato técnicamente posible, por funesto que sea»[154].

Los dispositivos digitales y las redes no nos proporcionan la felicidad que todos ansiamos; sí momentos placenteros, satisfacción inmediata y efímera, así como adicción. La búsqueda de la felicidad es, para Arendt, «un derecho tan innegable como el derecho a la vida». La felicidad como anhelo y motivación principal de los seres humanos se sustenta, en primer lugar, en la satisfacción de sus necesidades básicas; conjurada esta premisa, las personas quedan facultadas para lo convencional, lo banal o bien para abordar ámbitos creativos en los que su obra los haga singulares. Para Arendt, la vida creativa viene determinada por la necesidad inexorable de tener garantizada la vida laboral, circunstancia que desde la era industrial creaba expectativas en torno a la tecnología no como fuerza alienante, sino como emancipadora siempre que los medios de producción no sometiesen al trabajador. Según Arendt, «la esperanza que inspiraba a Marx y a los mejores hombres de los movimientos obreros —a saber, que el tiempo libre finalmente emanciparía al hombre de la necesidad y haría productivo al *animal laborans*— descansa en la ilusión de una filosofía mecanicista»[155]. Se entiende por «productivo» o «productividad» la característica que, según los pensadores a los que alude Arendt,

---

[154] *Ibid.* Pág. 6.
[155] *Ibid.* Pág. 118.

171

alienaba a los trabajadores en su faceta como proletarios; pero si sus energías «no se agotaban en la dureza de la vida nutrirían automáticamente otras actividades más elevadas»[156].

La presencia omnímoda del terminal digital como apéndice de nuestro cuerpo conjura la dimensionalidad del tiempo libre y de una jornada laboral de flexibilidad difusa. Eso ocurre cuando el teléfono móvil reconvertido en *smartphone* deja a un lado su función primigenia desde tiempos de Bell, y se insiere en una jungla de webs, redes y contenidos inextricables, la mayor parte de los cuales persiguen atraernos con la contrapartida de la gratificación momentánea. El *smartphone* es el diario personal que siempre llevamos con nosotros, reconvertido en una rica galería multimedia de nuestra vida pasada y actual, que encapsula íntimos secretos personales. A ese diario escrutable —no solo por el usuario, sino también por las corporaciones que comercian con nuestro algoritmo— se añade la navegación y el trasiego en la red. En definitiva, se trata de un círculo entrópico que nos puede conducir a la depresión, la ansiedad o el insomnio. El problema radica en no saber lo que queremos encontrar o en no encontrar lo que nos satisfaga. Para la doctora Tchiki Davis, experta en tecnologías del bienestar en Silicon Valley, «debido a que ahora sabemos de tantas cosas que suceden en otros lugares, en línea y en la vida real, podemos comenzar a creer que nos estamos perdiendo experiencias divertidas o importantes. Este sentimiento se

---

[156] *Ibid.* Pág. 128.

conoce como miedo a perderse algo, o FoMO»[157]. La doctora Davis establece para estos casos el recurso de configurar la pantalla de bloqueo del teléfono con una imagen que nos recuerde que no se debe continuar. Más problemático resulta el efecto de las «burbujas de filtro», que mediante una asociación algorítmica omiten todo aquello que supuestamente no nos interesa, potenciando nuestros sesgos y vistiendo la realidad común con oropeles de nuestro agrado.

La felicidad siempre ha sido la máxima motivación del ser humano y lo continuará siendo en décadas venideras, aunque tecnologizada con la promesa de ser duradera e inasequible al desencanto. El terapeuta y filósofo británico James Davies enfatiza que hemos creado una cultura que considera la felicidad como la condición normal y saludable del ser humano. Tristeza, ansiedad y frustraciones diversas son conceptuadas como enfermedades, clasificadas entre los trastornos neuróticos como primer diagnóstico de patologías psíquicas todavía más graves. Para Davies, estas emociones consideradas negativas deben transformarse en «experiencias potencialmente productivas con las que involucrarse y aprender»[158].

La tristeza, la melancolía e incluso la depresión no inhabilitante han sido poderosos motores de vida en el mundo analógico. Joshua Wolf Shenk, brillante y polémico ensayista, con conductas personales no

---

[157] https://www.psychologytoday.com/us/blog/click-here-happiness/201901/how-do-you-overcome-fomo. (Última consulta: 27-09-2022).
[158] *Idem.*

173

homologables a los estereotipos sociales, ha escrito que vivir con una profunda tristeza fue la clave del éxito de Abraham Lincoln: «Con Lincoln tenemos a un hombre cuya depresión lo incitó, dolorosamente, a examinar el centro de su alma; cuyo arduo trabajo para mantenerse con vida lo ayudó a desarrollar habilidades y capacidades cruciales... y cuyo carácter inimitable tomó gran fuerza de las intuiciones penetrantes de la depresión... forjado durante décadas de profundo sufrimiento y ferviente anhelo»[159].

La diferencia estriba en los desencadenantes endógenos o exógenos de un determinado estado anímico «anormal» y en la posibilidad de retroalimentarlos o contrarrestarlos. Lo cierto es que, por ahora, los terminales están lejos de desempeñar una función terapéutica; producen una desconexión con lo material e incitan a una actitud elusiva respecto a la realidad.

La socialización virtual

La COVID-19 y, de forma notable, los períodos de confinamiento fueron la antesala de una sociedad futura, pero no muy lejana, en la que el ser humano experimentará una transformación en la forma secular de percibir la realidad y de relacionarse. En el período anterior a la pandemia, las redes sociales constituían un mecanismo lúdico de socialización *sui generis*. Tras la propagación mortal del coronavirus, se

---

[159] https://www.washingtonpost.com/opinions/our-culture-assumes-happiness-is-the-normal-human-condition-why/2018/06/08/8722d03e-6b4c-11e8-bf8c-f9ed2e672adf_story.html. (Última consulta: 26-09-2022).

convirtieron durante un tiempo en los únicos medios de socialización en todos los ámbitos. La utilización de redes fue en aumento con la aparición de diversas aplicaciones que se deslizaron desde el espacio lúdico hasta el laboral, pasando por el académico y el asistencial.

La nueva realidad nos sirvió para constatar cómo las llamadas telefónicas, reconvertidas en mensajes sonoros unidireccionales, y las continuas reuniones virtuales para tareas de diversa índole nos alejaban, aferrados a las pantallas, de la socialización interpersonal. Se producía una disociación de nuestras percepciones; sin pausa mental, en un mismo espacio físico, sin interacción visual con nuestros interlocutores y sin transición entre una actividad y otra. Estos factores originaban problemas de concentración y sensación de cansancio o agotamiento. Esto último, para la doctora Amy Miller, de la AECC University College en el Reino Unido, experta en el bienestar general del paciente, genera, a su vez[160]:

- Mayor cinismo.

- Distanciamiento emocional.

- Dolencias físicas como dolores de cabeza y de estómago.

- Falta de energía.

- Reducción del rendimiento o la participación.

- Falta de creatividad.

---

[160] https://www.jcmh.org/are-you-feeling-burned-out-from-virtual-socialization-blog/. (Última consulta: 30-09-2022).

Estas alteraciones pueden desembocar en problemas como estrés agudo, modificación de los patrones de sueño y los hábitos alimenticios; y, en definitiva, en una serie de dolencias psicosomáticas. Pero los diseñadores de las nuevas realidades virtuales ya estudian estas contravenciones para poder conseguir un círculo virtuoso que nos haga olvidar la ciudad contaminada, los locales malolientes, las inclemencias meteorológicas, la agresividad de los guetos urbanos, el tedio de las ciudades dormitorio... y que alcancemos la nueva Ítaca, disfrutando en un «viaje emocional» del camino y de la aventura, aunque el final pueda ser decepcionante: «Ítaca te brindó tan hermoso viaje. Sin ella no habrías emprendido el camino. Pero no tiene ya nada que darte»[161].

La periodista de *The Guardian*, Sirin Kale, expresaba en las páginas del periódico su desazón por la gran cantidad de mensajes de todo tipo de redes y soportes que atenazaban su vida: «Tengo 101 mensajes de WhatsApp sin leer, 254 mensajes de iPhone sin leer y 46.252 correos electrónicos sin leer en tres cuentas separadas». Entre estos mensajes sin respuesta, Kale es especialmente crítica respecto a los que se producen en WhatsApp, que en 2011 introdujo los grupos de chat. La abrumadora cantidad de mensajes recibidos o enviados por cada usuario que requieren respuesta y no la tienen es cada vez más común. Uno de estos, Danny Gronnerle, confesaba a Kale que «simplemente no podía vivir una vida en estos días cuando vuelvo a

---

[161] Cavafis, Konstantino. «Ítaca», en *Poemas de Constantin Cavafis* (uchile.cl). (Última consulta: 29-09-2022).

176

mi teléfono y tengo varias docenas de mensajes para revisar». Richard Seymour, autor de The Twittering Machine, subraya la vertiente invasiva de las redes, «que colonizan y devoran partes de tu atención aquí y allá... Piensa en lo que puedes estar haciendo en ese tiempo. Hay algo que decir sobre la idea de que no todo necesita ser respondido o merece una respuesta»[162].

Mucho antes de que la telaraña digital encorsetara nuestras vidas, Guy Deleuze, junto a una pléyade de brillantes filósofos de la posmodernidad —Foucault, Derrida, Althusser, Lyotard, Baudrillard, Guattari, o Vattimo—, analizó la comunicación con una profundidad y una prospectiva extraordinarias. Sensible a la multiplicidad y saturación de mensajes, Deleuze aduce que: «Las fuerzas represivas no impiden expresarse a nadie, al contrario, nos fuerzan a expresarnos. ¡Qué tranquilidad supondría no tener nada que decir, tener derecho a no tener nada que decir, pues tal es la condición para que se configure algo raro o enrarecido que merezca la pena de ser dicho!». El teorizador de las «sociedades de control», complementando a Foucault, concluía que «lo desolador de nuestro tiempo no son las interferencias, sino la inflación de proposiciones sin interés alguno»[163].

---

[162] https://www.theguardian.com/profile/sirin-kale/2022/sep/13/all. (Última consulta: 30-09-2022).

[163] Deleuze, Guilles. *Lógica del sentido*. Edición electrónica. Pág. 112. Microsoft Word - Lógica del sentido.doc (uv.mx). (Última consulta: 30-09-2022).

El último periodista

Ante la catarata digital que nos arrastra incesantemente y la irrupción de la IA generativa, son muchas las voces que reclaman su control tecnológico, además de una racionalización en el uso de terminales e incluso una deshabituación digital. A tal fin se instauró el Día de la Desintoxicación Digital, el 5 de septiembre, e incluso se venden *kits* con esa finalidad. No obstante, el problema es la raíz patológica de esta sumisión, puesto que, después de seguir un período o praxis de desintoxicación, retorna la adicción. El terminal se apodera de nuestra voluntad como la más potente sustancia psicotrópica. No podemos dejar de lamentarnos de que instrumentos que nos acercan a la cultura y a la interrelación universales, como jamás intuyó la humanidad, son utilizados para el control social, la evasión, la comunicación puramente fática y los juegos.

En 2022, proliferaron los *digital resting points*, o «puntos de descanso digital». Su aparición se produce en 2021, cuando la *influencer* Gabi Abraó insirió en sus cuentas de Instagram y TikTok una serie de vídeos que presentaban imágenes y secuencias idílicas de la costa oeste del Pácifico; por su belleza y singularidad, reclamaban nuestra atención y participación, interrumpiendo la exploración compulsiva de la red. Se trataba de una experiencia interactiva relajante, y permitía subtitular las imágenes y secuenciarlas personalizadamente. Desde 2022, encontramos en todas las redes sociales vídeos que son una invitación a establecer una pausa o un descanso. La mayoría presenta una estructura muy parecida: «una escena relajante en pantalla, casi sin gente, una cámara fija, música suave o sonidos naturales. Luego,

178

aparece una voz *en off* o un texto: "¡Felicidades! Has llegado a un punto de descanso digital. Quédate todo el tiempo que quieras"»[164].

Tras la invasión de Ucrania, *The Wasinghton Post* destacaba la proliferación de las visitas a los puntos de descanso. Este recurso se extiende en todas las redes con diversas especificidades. Aiden Arata, creadora de contenidos para puntos de descanso digital, subrayaba al *Post*, con cierta sorpresa, cómo la principal emisora de radio de Australia había imitado su trabajo: «La cadencia de las voces en off de las chicas era incluso la misma… Fue espeluznante»[165]. Gabi Abraó es una ferviente defensora de las redes sociales, cree en la responsabilidad de los usuarios y en su «madurez». Solo cabe esperar que la posibilidad de «descansar» durante el uso y exploración de redes sea una solución y no pase a formar parte del problema.

Infancia y adolescencia en la red

La adicción a las pantallas se produce desde la más tierna infancia. Bebés de apenas un año ya observan con su mirada la pantalla del televisor o del dispositivo móvil atraídos por los movimientos, cambios de luces y diversidad de sonidos. A medida que vayan avanzando hacia la edad infantil comenzarán a decodificar sonidos e imágenes, que en desmesura les pueden hacer concebir una realidad paralela. Esto será un condicionante para su crecimiento intelectual y su madurez,

---

[164] https://www.washingtonpost.com/technology/2022/03/22/digital-rest-stop-doomscrolling/. (Última consulta: 05-10-2022).
[165] *Idem.*

dificultando la socialización de los afectos y las emociones que suscitan el mundo y las personas cuya materialidad les rodea. Y poco después abrazarán las redes sociales entrando en un terreno bronco de identidades y motivaciones oscuras, que coexiste en un extraño maridaje con lo cultural, lo lúdico, lo afectivo y el día a día de la actualidad. Será el momento en el que el *smartphone* se inserirá en sus vidas, coincidiendo con el inicio de la enseñanza secundaria, y su presencia espuria en el aula.

El suicidio de la niña de 14 años, Molly Russell en el Reino Unido, en 2017, tras una espiral autodestructiva de consumo en línea de contenidos sobre autolesiones y suicidios, retroalimentada por algoritmos, constituye una seria advertencia y una condena sin paliativos de la deshumanización tecnológica. Los algoritmos, orientados a la saturación del consumo indiscriminado de contenidos en internet, no apretaron el botón, pero fueron los inductores, los colaboradores necesarios para que Molly acabará con su vida. La niña padecía una temprana depresión que se vio agravada hasta límites insuperables por los contenidos en línea que consumía. El forense principal Andrew Walker, que dirigió la investigación del caso, afirmó a finales de 2022 que Molly había recibido contenidos que no había solicitado facilitados por algoritmos: «Parte del contenido "idealizaba" los actos de autolesión y buscaba desalentar a los usuarios de buscar ayuda profesional»[166].

La inmersión de adolescentes en la red es objeto de estudio por el impacto que produce a lo largo de su trayectoria vital. Durante la pandemia, las redes sociales fueron una luz para millones de personas de todas las edades. Sin embargo, los médicos detectaron efectos no deseados en adolescentes, que condicionaban su desarrollo e incluso podían influir sobre el resto de sus vidas. Según un informe de 2021 de *The Wall Street Journal*: «Las niñas con tics son infrecuentes y estas adolescentes que pasaron consulta tenían un número inusualmente alto de ellos, que se habían desarrollado repentinamente. Después de meses de estudiar a los pacientes y consultar entre sí, los expertos de los mejores hospitales pediátricos de los Estados Unidos, Canadá, Australia y el Reino Unido descubrieron que la mayoría de las niñas tenían algo en común: TikTok»[167]. La Dra. Karen Manotas, psiquiatra de niños y adolescentes de la Universidad de Utah, atendió en septiembre de 2021 a una niña de 15 años con predisposición a la ansiedad y a la depresión que había desarrollado un trastorno de tics; gritaba, producía sonidos guturales y giraba el cuello de forma obsesiva. La Dra. Manotas, tras evaluar sus hábitos en línea, coligió que se había identificado estrechamente con «*influencers* de Tik Tok»,

---

[166] https://www.theguardian.com/uk-news/2022/sep/30/molly-russell-died-while-suffering-negative-effects-of-online-content-rules-coroner. (Última consulta: 07-10-2022).

[167] https://www.wsj.com/articles/teen-girls-are-developing-tics-doctors-say-tiktok-could-be-a-factor-11634389201. (Última consulta: 25-08-2022).

cuyos tics parecía mimetizar a la perfección: «Era exactamente el tic del cuello que presentaba esta niña», concluyó la Dra. Manotas. Los trastornos de personalidad afectan cada vez más a un mayor número de adolescentes. En EE. UU. nueve de cada diez adolescentes poseen un teléfono móvil y la mayor parte de su tiempo libre lo consumen viendo vídeos, ejecutando videojuegos y sumergiéndose en las redes sociales. En España esa proporción es menor, pero la incidencia sobre los usuarios no es sensiblemente diferente.

Los riesgos a los que ha de enfrentarse un adolescente han cambiado en las últimas décadas, girando desde el consumo de alcohol, drogas diversas y embarazos hasta la ansiedad, la depresión, las autolesiones y el suicidio. Sin que todavía se haya establecido una relación causal generalizable, este corolario de la juventud de la segunda década de siglo sí ofrece casos que no generan dudas acerca de la correlación entre el uso de redes y teléfonos móviles con diversas patologías. Según el artículo ya citado de *The Wall Street Journal*, Meta-Facebook descubrió que el 40 por ciento de las niñas en Instagram, propiedad de Meta, manifestaban sentirse poco atractivas debido a las comparaciones que hacían al usar la plataforma. Esto último tenía que ver en gran medida con el estado emocional previo de estas adolescentes. A las repercusiones emocionales de la presencia adictiva de los jóvenes en las redes se suma el capital que amasan las empresas con los datos que obtienen y que prefiguran los perfiles de los futuros adultos.

El control sobre TikTok, de propiedad china, no ha sido posible desde tiempos de Trump hasta el presente. La segunda red social más utilizada por los jóvenes —YouTube es la primera— tiene más de mil millones de usuarios en todo el planeta. Una encuesta del Pew Research Center revelaba, en el verano de 2022, significativos datos sobre los hábitos de consumo de redes y las diferencias entre adolescentes de ambos sexos en EE. UU.: «Las adolescentes son más propensas que los adolescentes a expresar que sería difícil renunciar a las redes sociales (58 % frente a 49 %). Por el contrario, una cuarta parte de los adolescentes dicen que renunciar a las redes sociales sería muy fácil, mientras que el 15 % de las adolescentes dicen lo mismo»[168]. De igual modo, esta investigación pone de manifiesto que un elevado número de adolescentes tiene acceso a teléfonos inteligentes (95 %), computadoras de escritorio o portátiles (90 %) y consolas de juegos (80 %). También se ha producido un incremento de los usuarios diarios de internet entre los adolescentes: del 92% en 2014-15 al 97 % en 2022. La proporción de adolescentes que dicen que están en línea la mayor parte del tiempo prácticamente se ha duplicado desde 2014-15: del 24 % al 46 %.

Monitorizar la actividad de niños y adolescentes en internet es una necesidad, a tenor del potencial riesgo que entraña una exploración indiscriminada. Entre las aplicaciones con esta función figura la de

---

[168] https://www.pewresearch.org/internet/2022/08/10/teens-social-media-and-technology-2022/. (Última consulta: 24-08-2022).

Qustodio[169]. Se trata de una plataforma de seguridad en línea para el bienestar digital. Ofrece un amplio catálogo de utilidades que representan la casuística compleja de la utilización de la red por parte de los más jóvenes:

Monitoriza la actividad
Desde cualquier dispositivo puede accederse al historial completo de navegación.

Filtra el contenido y las aplicaciones
Bloquea las aplicaciones, los juegos y los dominios web considerados inapropiados por los padres o tutores, como los que ofrecen pornografía, juegos de azar y contenidos no aptos de todo tipo.

Establece límites de tiempo de utilización
Protege de la adicción a las pantallas fijando un máximo de tiempo en la navegación y períodos de descanso.

Accede a la geolocalización del protegido
Guarda una lista de los sitios que más suele visitar, como el colegio o el domicilio familiar. Ofrece notificaciones de los lugares en los que se encuentra.

Realiza un seguimiento de las llamadas y los SMS

---

[169] https://www.qustodio.com/es/features/. (Última consulta: 05-10-2022).

Bloquea a los depredadores y los ciberacosadores, identificando las llamadas y los contactos sospechosos. Facilita el acceso a los mensajes de texto entrantes y salientes.

Informes, alertas y SOS
Ofrece informes detallados en línea de forma diaria, semanal y mensual de la monitorización realizada. Y notificaciones en tiempo real de los intentos de acceder a contenidos bloqueados.

Qustodio da a conocer periódicamente estudios sobre la actividad y el comportamiento de los jóvenes en terminales y redes digitales. El informe realizado en 2021, tras el período agudo de pandemia, arrojaba que «los menores pasan de media 4 horas diarias conectados a una pantalla fuera de las aulas, un total de 1460 horas al año o, lo que es lo mismo, la mitad del tiempo que dedicamos a dormir»[170]. Las conclusiones del citado estudio se nutren de los datos anónimos proporcionados durante 2021 por 400.000 familias con hijos de entre 4 y 18 años en España, Estados Unidos y Reino Unido. También recoge los puntos de vista de los menores sobre el mundo digital.

---

[170] 4 horas diarias, ese el tiempo que pasan de media los menores conectados a las pantallas fuera de las aulas | Qustodio. (Última consulta: 06-10-2022).

CAPÍTULO 4

LA IA A LA CONQUISTA DEL MUNDO

Los *chatbots*, inquilinos en connivencia

La IA coloniza nuestras vidas sin tregua hasta el punto de que pocos procesos en los que intervienen dispositivos digitales quedan fuera de sus límites. La escuela conexionista, surgida en los años cincuenta junto a la simbólica, ha acabado imponiendo un desarrollo que replica las conexiones neuronales de nuestro cerebro. El reconocimiento facial y oral son solo dos campos de aplicación previos al control total de las funciones cerebrales como objetivo final. En ese estadio último podremos ya hablar de la fusión entre cerebro humano e *interfaces*, conformando una entidad superior acreedora de la singularidad. Todas las grandes corporaciones tecnológicas invierten en IA y, mientras tanto, nuestra vida adquiere valor en una codificación algorítmica. Mediante esta formulación matemática se desentraña el existir pormenorizado de cada ciudadano en el mundo desarrollado las veinticuatro horas del día.

Pasivos, asumimos con indiferencia que somos espiados a través de los dispositivos electrónicos que usamos, los *smartphones* mayoritariamente, y a través de los buscadores y redes sociales, amén de los sensores de nuestros automóviles y los dispuestos en cámaras de vigilancia y electrodomésticos. Confiamos implícitamente en el algoritmo para cualquier toma de decisión, lo que nos introduce en un círculo vicioso generándonos «ansiedad algorítmica», un concepto acuñado por el escritor estadounidense Kile Chayka en la revista *The New Yorker*: «Asediados por las recomendaciones automáticas, nos dejan adivinar exactamente cómo nos están influenciando, sintiéndonos en algunos momentos mal percibidos o engañados y en otros momentos cronometrados con una precisión inquietante. A veces, la computadora parece tener más control de nuestras elecciones que nosotros»[171]. Esta ansiedad se intensifica al ser consciente de que consumimos muchos productos que en realidad no nos gustan ni necesitamos. Lo hacemos bombardeados sistemáticamente en nuestras redes sociales y buscadores, en las omnipresentes pantallas, mientras perseguimos una gratificación que resulta ser efímera. El algoritmo creado y utilizado por la IA puede operar como «un arma de destrucción matemática (ADM)», en palabras de Cathy O'Neil, doctorada en matemáticas por Harvard: «Las ADM, con su promesa de eficiencia y justicia, distorsionan la educación superior, acrecientan la deuda, incitan a las penas de prisión en masa, golpean a los pobres en prácticamente todas las coyunturas y socavan la democracia»[172].

---

[171] https://www.newyorker.com/culture/infinite-scroll/the-age-of-algorithmic-anxiety. (Última consulta: 12-12-2022).
[172] O'Neil, Cathy. *Armas de destrucción matemática*. Capitán Swing (2017). Pág. 247.

De desentrañar conductas, hábitos, deseos… se ocupa el aprendizaje profundo, *deap learning,* creando algoritmos retroalimentados por la IA. Google era la corporación que más dinero invertía y más éxitos atesoraba hasta la aparición del ChatGPT de OpenAI en 2022. Cabe remontarse a 2014 para situar el primer logro relevante de Google en IA. El programa AlphaZero, creado por la empresa DeepMind, propiedad de Google desde aquel mismo año, dotó de infalibilidad ganadora a una computadora en los tres juegos de tablero más complejos: ajedrez, *shog*i y *go.* Desde entonces, los logros de DeepMind se han ido sucediendo: AlphaStar, un simulador para videojuegos que vence a jugadores expertos en StartCraft II; AlphaCode, un programador automático que emula a programadores humanos y desentraña códigos de programas; y AlphaFold, que en un salto cualitativo permite conocer la estructura de las proteínas. DeepMind proyecta sus investigaciones en diversos apartados que abarcan también la fusión nuclear y las predicciones meteorológicas avanzadas en el contexto de la emergencia climática. El director de DeepMind, el español Oriol Vinyals, reconoce que «lo relevante es el hecho de conseguir que una máquina realice una tarea de forma indistinguible a como la haría un humano… Como será progresivo, la gente se irá acostumbrando a ello»[173].

En las frecuentes analogías entre máquinas y seres humanos tuvieron eco las afirmaciones de un ingeniero de Google, Blake Lemoine, naturalizando como propiedades humanas los avances de Google en

---

[173] *El País*, 04-09-2022. Pág. 36.

IA. Ese episodio motivó su despido de la compañía. Lemoine reiteró en sucesivas ocasiones, en el verano de 2022, que el modelo de lenguaje para aplicaciones de diálogo (LaMDA) —que utilizan el *chatbot* de Google y el ChatGPT de Microsoft y Opern AI— tenía conciencia y alma, subrayando que LaMDA parecía un niño: «Si no supiera exactamente qué es, qué es este programa de computadora que construimos recientemente, pensaría que es un niño de 7 u 8 años que sabe física»[174]. Lemoine dijo que todos los seres humanos tienen derecho a participar en los desarrollos de una tecnología que puede cambiar sus vidas: «Creo que esta tecnología va a ser increíble. Creo que va a beneficiar a todos. Pero tal vez otras personas no estén de acuerdo y tal vez nosotros en Google no deberíamos ser los que tomemos todas las decisiones»[175].

Las manifestaciones de este ingeniero de Google no son las únicas entre expertos en IA. Existe el convencimiento de que, a no tardar, podrá considerarse a determinados robots como poseedores de conciencia: personas electrónicas. Según una resolución de 2017, el Parlamento Europeo instaba a la Comisión a «crear a largo plazo una personalidad jurídica específica para los robots, de forma que como mínimo los robots autónomos más complejos puedan ser considerados personas

---

[174] https://www.washingtonpost.com/technology/2022/06/11/google-ai-lamda-blake-lemoine/. (Última consulta: 09-12-2022).
[175] *Idem.*

electrónicas responsables»[176]. La Comisión no ha abordado hasta la fecha esta cuestión, ante el rechazo de centenares de expertos en IA y robótica, derecho, medicina y ética.

La odisea de Blake Lemoine ha visibilizado las investigaciones y los logros de Google, pero es OpenAI la que ha tomado la iniciativa con los *chatbots* GPT. El primero de ellos, el ChatGPT, en cinco días de actividad, en el otoño de 2022, concitó el interés de más de un millón de usuarios, utilizando indistintamente el inglés y el español. Este *chatbot* ha tenido sucesivas versiones que han ido mejorando progresivamente su alto potencial. En la web *chat.openai.com,* el ChatGPT responde a cualquier pregunta que se le formule o tema que se le encargue con asombrosa precisión y coherencia. GPT ha sido diseñado y «entrenado» a partir de ingentes volúmenes de información de todo tipo, «aproximadamente 700 gigabytes de datos extraídos de toda la web, incluida Wikipedia, complementados con una gran colección de texto de libros digitalizados»[177]. Esta monumental compilación de datos se incrementará exponencialmente con los computadores cuánticos, que resolverán en milésimas de segundo procesos que con ordenadores convencionales requieren minutos u horas. Asimismo, el *chatbot* DALL-E puede crear imágenes originales y composiciones artísticas a

---

[176] http://www.europarl.europa.eu/doceo/document/TA-8-2017-0051_ES.html?redirect. (Última consulta: 09-12-2022).

[177] *I. A. es dominar el lenguaje. ¿Debemos confiar en lo que dice? The New York Times* (nytimes.com). (Última consulta: 09-122-2022).

partir de un texto con la descripción de lo que deseamos, combinando infinidad de estilos y conceptos artísticos.

Por su parte, AlphaCode supone un paso importante en la equiparación de las potencialidades del ser humano y las de la IA. Aunque AlphaCode emula capacidades de programación humanas, es obvio que puede extender su campo de aplicación a tareas cognitivas generales. Es significativo, según un artículo de investigación de *Science*, cómo las «máquinas» también incorporan sesgos cognitivos e interpretativos idénticos a los de las personas: «El sesgo también puede conducir a un código de baja calidad que perpetúa los errores o el uso de API[178] obsoletas, lo que genera problemas de rendimiento y seguridad. Este problema también existe para los programadores humanos»[179]. Hemos traspasado los límites de una IA analítica o simbólica, que producía sistemas expertos a partir de rutinas compiladas y una alta velocidad de procesamiento, a una IA generativa o creativa (neuronal), que emula las capacidades de creación del ser humano en pintura, literatura, música... y elaboración periodística.

La primera portada de un periódico generada por IA en España, la del diario *Marca* el miércoles 8 de febrero de 2023, que ya citábamos, ilustra la facilidad pasmosa con la que un programa de IA puede

---

[178] Las API son un tipo de *interfaces* que simplifican el desarrollo de las aplicaciones.

[179] file:///C:/Users/Usuario/Downloads/science.abq1158_sm%20(1).pdf. (Última consulta: 13-12-2022).

cumplir nuestras expectativas y deseos: «La portada de *Marca* de hoy ha sido creada utilizando el *software* Midjourney, que junto a Dall-E 2 constituyen algunos de los máximos exponentes de la inteligencia artificial en el terreno creativo y de la generación de imágenes. Y, de verdad, lo más sorprendente de todo es la tremenda facilidad que supone aprender a utilizar estos programas»[180]. En idéntico sentido, ya existe una emisora de radio cuya producción y gestión recae en una IA. RadioGPT utiliza tecnología GPT-3 y GPT-4 junto con la herramienta TopicPulse, que rastrea información en cientos de miles de fuentes. TopicPulse crea, además, vídeos cortos también mediante IA. Los promotores de RadioGPT publicitan así sus potencialidades: «Tiene la capacidad de crear un guion, que una vez está listo, las voces de IA de RadioGPT convierten en un audio cautivador; también genera publicaciones sociales, *blogs* y otros contenidos para plataformas digitales relacionados con el contenido que está al aire en tiempo real»[181]. Se prevé que a corto plazo una TV GPT irrumpa en el mercado de medios de forma competitiva, del mismo modo que otras radios GPT.

Desde nuestras «conversaciones» con Alexa u otros asistentes virtuales hasta las habilidades que mostramos en los videojuegos, pasando por todo tipo de extracción de datos de nuestro historial de vida, invitamos al *deap learning* a penetrar en las interioridades más

---

[180] *Marca*, 08-02-2023.

[181] https://www.enter.co/chips-bits/apps-software/asi-es-radiogpt-emisora-con-locutores-y-contenidos-de-ia/. (Última consulta: 11-08-2023).

desconocidas del ser humano y a avanzar en la «clonación» de su cerebro. Lo que sucede en el plano de la actualidad nos es transferido cada vez en mayor grado por una IA. Hasta ahora hemos gozado de un intermediario honesto entre lo que acontecía y nuestra percepción, amplificando y clasificando una vasta cantidad de información con criterios deontológicos y de servicio público para que pudiera ser asimilada por la ciudadanía. La figura del periodista, hoy en extinción, marcará la desaparición de los medios de comunicación de referencia. Este espacio lo ocuparán otros medios anclados en la IA, que más tarde integrarán el metaverso, convirtiéndonos en periodistas ficticios abducidos por el «gran espectáculo» del mundo.

El ChatGPT, creatividad y sentimientos

En una comparativa entre Google y el Chat GPT, cuando realizamos una petición a Google, su búsqueda nos proporciona un listado de webs y textos en la red relacionados de una forma u otra con la consulta. Sin embargo, el ChatGPT elabora su respuesta en función del contexto y la intención de la pregunta, a partir de prácticamente todo lo escrito y publicado. Google responde sirviéndose de gigantescas bases de datos, utilizando parámetros de coincidencia; pero en ningún caso articula una respuesta razonada a cuestiones concretas como lo hace GPT. Estamos hablando de la IA generativa, que supera etapas de perfeccionamiento con una inusitada celeridad con los *chatbots* creadores inteligentes de texto (ChatGPT) y de imágenes (Dall-E). Sin embargo, hasta el momento, estos *chatbots* no pueden emular el pensamiento de los humanos. Esto establece la frontera de la

194

hibridación del ser humano con la máquina. Superado este escollo, los *chatbots* pasarían a tener estatus de humanos, lo que supondría un cambio definitivo para la humanidad.

Teniendo en cuenta que es imposible tener tipificadas *strictu sensu* todas las preguntas, las respuestas de GPT no son revisadas, lo que se traduce en el aprendizaje automático *(machine learning)* sin mediar programador alguno. Ello obedece a lo que se conoce como «preentrenamiento no supervisado», que es «el proceso mediante el cual se entrena un modelo con datos en los que no hay una salida específica asociada con cada entrada. En su lugar, el modelo está entrenado para aprender la estructura y los patrones subyacentes en los datos de entrada sin ninguna tarea específica programada»[182]. Además, GPT exhibe un funcionamiento especifico de red neuronal para procesar datos de lenguaje natural. Las redes neuronales simulan el funcionamiento del cerebro humano, articulándose en capas interconectadas mediante nodos. Para ello, se vale de «transformadores», que procesan secuencias de palabras fijando el contexto y su interrelación sintáctica y prosódica, y son básicos en el conjunto de los procesos de «autoaprendizaje profundo» *(deep learning).* Este último establece patrones sobre qué palabras tienen mayor probabilidad de anteceder o seguir a continuación de otras en una frase; algo similar sucede con las imágenes o las notas musicales. El aprendizaje profundo, partiendo del aprendizaje automático, crea

---

[182] https://www.zdnet.com/article/how-does-chatgpt-work/. (Última consulta: 05-06-2023).

algoritmos que emulan determinadas acciones de nuestro cerebro mediante redes neuronales de IA.

Si bien no calificamos como creativa esta capacidad, no debemos obviar que la creatividad humana no surge por un proceso de iluminación aséptico y espontáneo. Para el catedrático de la UAB y destacado publicista José María Ricarte, en el comportamiento humano «al buscar y obtener la mayor cantidad posible de información en el estadio preparatorio, se aumenta en proporción directa el número de combinaciones, y por tanto la posibilidad de "crear" aquella que sea más apropiada a la situación que se estudia»[183]. Este proceso es, en esencia, el seguido por la IA, en sus aprendizajes automático y profundo, donde el sistema aprende por sí mismo sin que un programador introduzca ni organice el proceso ni sus secuencias. Desde esta perspectiva, expresiones artísticas que van desde la poesía a las artes figurativas —sin olvidar la música— formalizadas por IA podrían llegar a ser consideradas como creativas.

Nos produce cierto pudor otorgar el estatus de creatividad a la IA si establecemos analogías con los atributos de cualquier ser humano. Aunque sí podemos conferir a la IA un rango propio de creatividad. Tenemos un ejemplo pionero con el tráiler de la película *Morgan* de 20th Century Fox, en 2016, dirigida por John Smith. Para su ejecución se utilizó la plataforma cognitiva Watson de la corporación IBM. «El

---

[183] Ricarte, José M. *Creatividad y comunicación persuasiva*. Aldea Global (1999). Pág. 223.

196

proyecto hizo que Watson analizara las imágenes, el sonido y la composición de cientos de avances de películas de terror existentes. Luego, Watson seleccionó escenas de la película completa de Morgan para que los editores las combinaran en el tráiler, lo que finalmente redujo lo que podría ser un proceso de semanas a un día»[184]. Ahora esta experiencia es anecdótica con los nuevos *chatbots*, que a su vez serán superados por la Inteligencia General Artificial (AGI). El considerado como padre de la actual IA, Sam Altman, director ejecutivo de Open AI —pese a alertar de los peligros de la IA y pedir su regulación— considera que con la AGI los beneficios serán superiores: será capaz de resolver problemas que la humanidad no ha podido desentrañar jamás. Para Altman, la desinformación y la ciberseguridad concentran alguna de las principales preocupaciones de un mundo dirigido por la AGI: «Creo que se avecina una [preocupación] muy seria, desinformación sofisticada; otra un poco después de esa, tal vez sobre ciberseguridad. Estas son muy importantes, pero nuestra misión particular es sobre AGI. Y creo que es muy razonable que hablemos más de eso, aunque también trabajemos en otras cosas»[185].

---

[184] https://www.ibm.com/watson/advantage-reports/future-of-artificial-intelligence/ai-creativity.html. (Última consulta: 06-06-2023).

[185] https://www.theguardian.com/technology/2023/jun/07/what-should-the-limits-be-the-father-of-chatgpt-on-whether-ai-will-save-humanity-or-destroy-it. (Última consulta: 09-06-2023).

El último periodista

El ChatGPT se fudamenta en la arquitectura GPT-3 (Generative Pre-trained Transformer 3); por tanto, utiliza la arquitectura del transformador, que sopesa las entradas de texto para comprender el contexto. GPT-3 comenzó su aprendizaje-entrenamiento a partir de una biblioteca de más de 45 terabytes. Esa circunstancia le ha dotado de excepcionales capacidades para generar respuestas coherentes y contextualizadas. GPT procesa el «lenguaje natural» (NLP) para que cualquier terminal digital pueda generar lenguaje hablado como un humano, lo que deriva en el posible condicionamiento de nuestros sentimientos. Lo hace analizando audios y vídeos, partiendo de cómo articulamos nuestras expresiones: palabras utilizadas, construcciones sintácticas, variabilidad del tono y del timbre, inflexiones locutivas... y también, en su caso, expresiones faciales. De este modo, es factible analizar y determinar sentimientos, estimularlos y también dirigirlos. Desde hace algún tiempo, el uso primario del análisis de sentimientos se verifica en la atención telefónica al cliente, a partir de la transcripción y codificación predeterminada de cada llamada con un protocolo valorativo simple pero efectivo. Esto es algo muy distinto potencialmente de las amplias posibilidades de la IA generativa en su análisis de locuciones e imágenes. La universidad de Vermont (EE. UU.) viene perfeccionando desde 2020 el Hedonómetro, creado por el laboratorio de Historia Computacional. Su misión es cuantificar la felicidad colectiva del mundo. Para ello, «seleccionaron varios idiomas, luego eligieron las 10.000 palabras más utilizadas en cada uno y pidieron a los hablantes nativos que las calificaran en una escala

198

de 1 (más negativa) a 9 (más positiva)»[186]. La COVID-21 arrojó los mayores índices de infelicidad, según los científicos de Vermont. La IA intenta ya cuantificar nuestra felicidad con algoritmos que se enmarcan en ese cometido, pero siempre opacos.

Por ahora, los chats GPT no pueden interpretar significados, y carecen de la facultad de pensar que tienen los seres humanos, aunque ya comienzan a ser una amenaza para los trabajos más creativos desarrollados por personas. De igual modo, incorporan potencialidades aumentadas para difundir informaciones —textos e imágenes— aparentemente coherentes, pero totalmente falsas. La UE trabaja para que Europa lidere la regulación de la IA. Entre otras salvaguardas, sus operadores deberán publicar datos y algoritmos de los que se nutren estos sistemas. Se prevé la aprobación por parte de la UE de la primera legislación que regule las tecnologías inteligentes antes de 2026 como fecha límite.

La decisión de la UE debe contextualizarse junto a voces autorizadas que vienen alertando de los peligros de la IA para la humanidad. El testimonio más contundente se halla en la carta que más de 1000 expertos suscribieron en marzo de 2023, pidiendo una moratoria de seis meses en el «entrenamiento» de los sistemas de IA más avanzados, a partir de GPT-4, aduciendo que pueden plantear una potencial amenaza para la humanidad. Entre los firmantes figuraban

---

[186] https://www.washingtonpost.com/technology/2020/12/31/hedonometer-twitter-happiness/. (Última consulta: 05-06-2023).

199

el empresario Elon Musk; el cofundador de Apple, Steve Wozniak; el director ejecutivo de Stability AI, Emad Mostaque; e investigadores de DeepMind. A pesar de rubricar esta carta, las principales corporaciones representadas han impulsado nuevos *chatbots* y aplicaciones de IA, como es el caso de Bard (Alphabet-Google) y de la creación, por parte de Musk, de la *startup* xAI. La ambivalencia de Musk sobre el desarrollo de la IA adquiere mayor significación si recordamos unas declaraciones en las que acusaba a OpenAI — Microsoft— de «entrenar a la IA para mentir... OpenAI ahora se ha convertido en una organización de fuente cerrada... con fines de lucro... estrechamente aliada con Microsoft»[187].

La conexión cuántica y el metaverso

El filósofo alemán Martin Heidegger, que influyó de forma poderosa y transversal en filósofos modernos y posmodernos, situó uno de sus objetos de estudio en la tecnología electrónica y en la afectación dimensional que producía sobre el ser humano. Fallecido en 1976, no pudo vivir la irrupción de la tecnología interactiva, que conduciría finalmente a los mundos virtuales y la IA; pero, a pesar de ello, en su trabajo *The thing* obtenemos claves definitorias del nuevo *momentum que* hoy vive la humanidad: «El ser humano recorre los más largos trechos en el más breve tiempo. Deja atrás las más largas distancias y,

---

[187] https://www.reuters.com/technology/musk-says-he-will-start-truthgpt-or-maximum-truth-seeking-ai-fox-news-2023-04-17/. (Última consulta: 15-07-2023).

de este modo, pone ante sí, a una distancia mínima, la totalidad de las cosas»[188]. Para Heidegger, sin embargo, «hoy todo lo presente está asimismo cerca e igualmente lejos. Lo in-distante es lo que predomina. Ninguna reducción o supresión de lejanía trae, sin embargo, cercanía alguna... todo es arrastrado a la uniformidad de lo que carece de distancia»[189]. Ahí radica a nuestro juicio la principal característica del metaverso, producto que excita diversas regiones de nuestro cerebro hasta conformar una realidad alternativa «in-distante».

Aparentemente, el metaverso sigue, en su desarrollo, idénticos pasos a los de otras tecnologías interactivas. Sin embargo, esta vez su calado se revela más profundo. Se sitúa colateralmente en el marco de uno de los mayores debates de la ciencia moderna: la unificación de la física clásica con la física cuántica. Es decir, la que rige el funcionamiento de los objetos que observamos y, respectivamente, la que estudia la estructura y el comportamiento de los átomos y todas las partículas y subpartículas que constituyen la materia. Transcurrido poco más de un siglo desde la enunciación de Albert Einstein de la teoría de la relatividad general y de los primeros principios cuánticos —mollares para la física moderna y la mecánica cuántica—, algo excepcional parece estar sucediendo con la «interconexión» de los agujeros negros y los fenómenos cuánticos. Tal como predecía en 2017 el investigador Leonard Susskind de la Universidad de Stanford:

---

[188] Heidegger, Martin. «La cosa», en *Conferencias y artículos*. Ediciones del Serval (Barcelona, 2005). Pág. 1.

[189] *Ibid.* Pág. 2.

«Puede ser demasiado fuerte decir que la gravedad y la mecánica cuántica son exactamente lo mismo. Pero aquellos de nosotros que estamos prestando atención ya podemos sentir que las dos son inseparables y que ninguna tiene sentido sin la otra»[190]. Según el científico y escritor Dennis Oberbye, de producirse esta «conexión» podría darse la circunstancia de que «nuestro universo tridimensional, y nosotros mismos, podamos ser hologramas... En esta versión del cosmos, no hay diferencia entre aquí y allá, causa y efecto, adentro y afuera o quizás incluso entonces y ahora»[191]. Quién puede, pues, negar que en un momento culminante del desarrollo científico el metaverso trascenderá la virtualidad para ofrecernos una nueva vida, un nuevo planeta, nuevas relaciones, formas de conocimiento inaccesibles secularmente y, en definitiva, incursiones en el espacio-tiempo, que facilitarán cambiar de dimensión y formar parte de un conjunto de multiversos.

Diversos científicos se preguntan si alguna civilización inteligente, anterior a la nuestra, pudo crear un metaverso que es hoy nuestro actual mundo, en el que estamos viviendo, y si con el nuevo metaverso o metaversos que implantemos podremos enlazar con otros metaversos del cosmos. El futurista Tristan Green afirma que «alguien o algo creó una realidad simulada y nos metió en ella. Esta realidad está hecha de trozos discretos de espacio-tiempo. Desde nuestro

---

[190] https://arxiv.org/abs/1708.03040. (Última consulta: 11-10-2022).
[191] https://www.nytimes.com/2022/10/10/science/black-holes-cosmology-hologram.html. (Última consulta: 11-10-2022).

punto de vista, este espacio-tiempo es la base de nuestro universo. Del creador, son los bits que componen nuestros datos»[192]. Para Green, en esa elucubración se conjugan la teoría de cuerdas, los universos paralelos y la intrigante materia oscura que representa más de un 90 % del universo. Esta es un magma indispensable para la existencia de las galaxias, que no produce ningún tipo de interacción magnética, razón por la cual es invisible, aunque sí interactúa con la gravedad como primordial garante de la existencia del cosmos.

En 2016, la NASA detectó una extraña radiación en la Antártida, en un experimento sobre el comportamiento de los neutrinos. El hallazgo se produjo en el curso del proyecto ANITA (Antena Transitoria Impulsiva Antártica). Se utilizó un gran globo para situar un detector de neutrinos sobre el centro de la Antártida, donde la existencia de un aire frío y seco, junto a una muy baja recepción de trasmisiones hertzianas terrestres, era ideal para esta experiencia. Los científicos de la NASA se sorprendieron al creer descubrir eventos similares a rayos cósmicos que apuntaban hacia el firmamento. Esto es algo impensable, a no ser que nos halláramos en un universo paralelo. Tras diversas interpretaciones, se adujo que fue producto de un error del detector de neutrinos.

Los avances en física cuántica se proyectan sobre la IA, la computación general y las comunicaciones cerrando un bucle de espectaculares

---

[192] https://thenextweb.com/news/how-zuckerbergs-multiverse-and-quantum-physics-could-prove-our-universe-fake. (Última consulta: 12-10-2022).

expectativas. Alain Aspect y John Clauser, galardonados con el Premio Nobel de Física de 2022, han demostrado que es factible controlar «partículas en entrelazamiento cuántico» a centenares de kilómetros. Así, la intervención sobre una partícula que está entrelazada cuánticamente con otra hace posible que esta última refleje los cambios, las «modulaciones» que sufre la primera, estableciéndose un circuito comunicativo con otras tantas intervenciones. Lo descrito no deja de ser un fenómeno de teletransportación, que deja atrás miles de hipótesis para adentrase en un campo multidisciplinar de hallazgos portentosos.

Tecnologías inteligentes y progreso humano

La IA generativa dotará al metaverso de potencialidades que desbordarán las que nos ha proporcionado hasta ahora la realidad virtual y colonizará progresivamente nuestro entorno. El esfuerzo material y económico inicial de Facebook, reconvertido en Meta para impulsar el metaverso, soportó el primer año pérdidas cuantiosas para la compañía y se vio confrontado con la irrupción de los *chatbots* GPT de Open AI, de Microsoft. Fue un fenómeno sin precedentes, que generó efectos inmediatos en todos los órdenes, con el buscador Bing (Microsoft) amenazando el liderazgo de Google y disputando su tarta publicitaria de miles de millones de dólares. A las pérdidas de Meta se sumaron las de Open AI, no obstante su éxito fulgurante. La IA de Open

AI precisó cada día 700.000 dólares para su funcionamiento[193], debido al ingente número de servidores que utiliza y a su desmesurado consumo. Esto obliga a Microsoft a rediseñar chips de alta capacidad para intentar mitigar el gasto de energía hasta proporciones razonables. Estos costes lastran el ejercicio económico de Open AI y Microsoft, pero no su liderazgo en IA.

Entre tanto, las divisiones de Meta han pausado los desarrollos fundacionales del metaverso, fuera ya del foco de hegemonía tecnológica que pretendía Zuckerberg. Hasta octubre de 2022, la inversión de esta corporación en el metaverso se aproximó a los 36.000 millones de dólares y las pérdidas acumuladas de 2021 y 2022 ascendieron a 24.000 millones de la moneda americana. El cambio de prioridades de Zuckerberg quedó patente en su mensaje en Facebook, el 27 de febrero de 2023: «Estamos creando un nuevo grupo de productos de alto nivel en Meta centrado en la IA generativa para potenciar nuestro trabajo en esta área... A corto plazo, nos centraremos en crear herramientas creativas y expresivas...

---

[193] https://www.theinformation.com/articles/microsoft-readies-ai-chip-as-machine-learning-costs-surge?irclickid=So1xlUX5wxyNR7TQ1C xahX8JUkAX0l1xSR5j300&irgwc=1&utm_source=affiliate&utm_medium=cp a&utm_campaign=10078-Skimbit+Ltd.&utm_term=businessinsider.com. (Última consulta: 10-09-2023).

A más largo plazo, desarrollaremos personajes de IA que puedan ayudar a las personas de diversas formas»[194].

Los desarrollos de la IA, integrando en un futuro el metaverso —cuestión implícita en los planes de Zuckerberg—, amplificarán el alcance positivo de las tecnologías inteligentes y también sus aspectos más controvertidos:

- Supondrán una nueva fuente de cuantiosos beneficios para las tecnológicas que lideren su desarrollo, pero no contribuirán a la equidad: las corporaciones serán beneficiarias netas.

- Su monetización responderá a una escalada sin precedentes en el asalto a nuestra privacidad y el comercio de nuestros datos.

- Afectarán a la ontología del ser humano, a su naturaleza, más que cualquier otra tecnología anterior, produciendo una metamorfosis de los sentidos y del comportamiento cerebral.

- En la asociación de la IA con el metaverso es probable que se produzca esta secuencia: gafas virtuales con alto grado de perfección y, en última instancia, omnipresencia de pantallas virtuales con chips acoplados a nuestro cerebro. Esto generará disfunciones y patologías conductuales, agravando trastornos de déficit atencional que desde hace unos años son propios de los usuarios más aferrados a las redes y a los dispositivos.

---

[194] https://www.thestreet.com/technology/mark-zuckerberg-quietly-buries-the-metaverse. (Última consulta: 15-05-2023).

206

- El máximo despliegue de la IA consumirá grandes cantidades de energía, en un momento de la humanidad en que es necesario optar por fuentes sostenibles alternativas que, por ahora, ofrecen un aporte menor.

- La emergencia climática y la crisis energética, que comportan entre otras medidas la erradicación de los combustibles fósiles, precisan políticas sostenibles que la IA puede ralentizar.

La IA proporcionará al metaverso una dimensión heliocéntrica. El metaverso articulado a través de la IA se insiere en un espacio en el que lo real queda supeditado a lo que perciben nuestros sentidos, que no deja de ser una representación mental: la luz y sus cromatismos no existen, sí la radiación electromagnética de una determinada frecuencia que es captada por los ojos y decodificada después por el cerebro en colores e imágenes mentales. Nuestro cerebro es fácil de «engañar» jugando con el tipo de estímulos a los que se le somete. La forma de «engañar» al cerebro es condición fundacional del metaverso con una inextricable identificación de lo virtual y lo real. En el metaverso, superhéroes y superheroínas se asimilan con *influencers* hegemónicos en redes, convirtiéndose en referentes inanes para adolescentes y para mayores. La gradual y necesaria asimilación de valores y experiencias previas a la edad adulta sufre una aceleración y una inversión con avatares que no serán ya ajenos al desarrollo de un adolescente. No es aventurado concluir que en paralelo a las redes sociales la vida de millones de adolescentes se verá más condicionada.

Sin embargo, como toda tecnología, el metaverso se insiere positivamente en sectores como el turístico o el de los viajes de negocios con todas sus potencialidades. Para los turistas resulta una alternativa asequible, cómoda y placentera. Según la consultora McKinsey & Company: «Los viajeros podrían disfrutar potencialmente de un evento o experiencia desde su sofá sin inconvenientes logísticos y sin el compromiso de viajar a otro país por un período de tiempo prolongado»[195]. McKinsey & Company apuesta por una combinación de «subcontratación, trabajo remoto y soluciones digitales» para satisfacer las expectativas del consumidor turístico, así como para paliar la carencia de mano de obra. Respecto al sector negocios, esta conocida consultora remarca que, en las reuniones de trabajo, que en ocasiones suponen desplazamientos de miles de kilómetros, «los participantes podrían participar en actividades en el mismo espacio inmersivo mientras se conectan desde cualquier lugar, lo que reduce drásticamente los costes de viaje, lugar, *catering* y otros»[196].

La IA será el culmen de las tecnologías adictivas, acentuando sobremanera los estímulos de gratificación que acompañarán a cada uno de sus nuevos desarrollos. El ASMR (respuesta sensorial meridiana

---

[195] https://www.mckinsey.com/industries/travel-logistics-and-infrastructure/our-insights/future-of-tourism-bridging-the-labor-gap-enhancing-customer-experience. (Última consulta: 21-08-23).
[196] *Idem.*

208

autónoma)^{197} constituirá un atributo propio de la IA. Se trata de una sensación placentera que ya estimula incesantemente a usuarios de redes y que venimos experimentando desde tiempos pretéritos, tanto en nuestras relaciones personales como objetuales. En YouTube encontramos un canal de ASMR, Maria's GentleWhispering^{198}, que acumula más de dos millones de suscripciones. La periodista de ciencia, Manasee Wagh, describía en la revista *Squire* las sensaciones que produce el ASMR: «Suele comenzar como una oleada de cosquilleos en el cuero cabelludo que desciende hasta los brazos, el torso e incluso las piernas. Es el mismo placer que se obtiene al cepillarse el pelo con suavidad, o que un niño puede sentir al ser tocado por su madre»^{199}.

El primero y el nuevo metaverso

El término «metaverso» fue creado por Neal Stephenson en su novela de 1992, *Snow Crash,* título que en una traducción libre podríamos convertir en «*Pantalla Colapsada*»^{200}. Se trata de un relato de ficción,

---

^{197} Concepto acuñado en 2010 por la doctora Jennifer Allen. https://www.youtube.com/watch?v=WgkDZw-21HA. (Última consulta: 14-10-2022).

^{198} https://www.youtube.com/channel/UC6gLlIAnzg7eJ8VuXDCZ_vg. (Última consulta: 14-10-2022).

^{199} ¿Por qué el ASMR tiene el efecto de un masaje cerebral? (esquire.com). (Última consulta:13-10-2022).

^{200} *Snow* serían los puntos blancos (nieve) que aparecían en las antiguas pantallas de rayos catódicos de los televisores cuando no había emisión o cuando esta se interrumpía. Y *crash* el momento en que se producía la ausencia de señal.

con ironía y humor críticos, que disecciona y diferencia un mundo fantástico de otro real. En el espacio real o común, Hiro Protagonist trabaja de repartidor de élite para Pizzas Cosa Nostra Inc. Y siempre va armado para proteger la recaudación de sus entregas. En el metaverso, se enfrenta a algo más aterrador que el robo de lo recaudado o que vulnerar una puntualidad rigurosa de las entregas: se trata de hacer frente a un virus que puede provocar el «infocalipsis».

Stephenson describe un ingenioso modo mediante el cual Protagonist, utilizando espejos electrónicos en su ordenador, proyecta una serie de haces que trazan una realidad distinta en la pantalla: «Dibujando la imagen tridimensional en movimiento con una resolución de 2K píxeles en cada dimensión, se puede lograr que sea tan nítida como el ojo es capaz de percibir, y enviando sonido estéreo digital a través de los pequeños auriculares, la película en 3D dispone de una banda sonora perfectamente realista. Así que Hiro en verdad no está ahí. Está en un universo generado informáticamente, que el ordenador dibuja sobre el visor y le lanza a través de los auriculares. En la jerga de los entendidos, ese lugar imaginario se denomina Metaverso»[201].

---

[201] Stephenson, Neal. *Snow Crash*. Pág. 28. https://www.foruq.com/books/es/novela/9/Snow-Crash-Neal-Stephenson.pdf. (Última consulta: 17-10-2022).

210

El autor de *Snow Crash* incrusta la acepción «avatar» en el repertorio del metaverso con idéntico sentido al que hoy damos a la humanización de los personajes que lo ocupan: «No está viendo gente de verdad, claro. Todo es parte de la imagen en movimiento dibujada por su ordenador según las especificaciones que le llegan por el cable de fibra óptica. Las personas son piezas de *software* llamadas avatares. Son los cuerpos audiovisuales que usa la gente para comunicarse en el Metaverso»[202].

Como podemos observar, el proyecto que hoy conocemos del metaverso se nutre en lo fundamental de los conceptos y terminología acuñados por Stephenson. Este escritor también describe el lado más tétrico del imaginario del metaverso en torno a la muerte y la violencia: «Muchos son fans psicópatas corrientes y molientes, obsesionados con la fantasía de matar a cuchilladas a alguna actriz en particular; en la Realidad no pueden ni acercarse, así que se conectan al Metaverso para acechar a su presa»[203]. Respecto a la etimología de la palabra y su significado, Alex Grijelmo señala con acierto que: «Metaverso se lee a primera vista "más allá del verso", y no "más allá del universo", lo que produce un neologismo que es ajeno a la lengua castellana». Para Grijelmo, lo más aceptable sería designar este nuevo mundo virtual como «metauniverso». Sin embargo, deberemos acostumbrarnos a la

---

[202] *Idem.* Pág. 39.
[203] *Idem.* Pág. 43.

primera de las acepciones, la «castellanización» del vocablo inglés originario *metavers*.

Junto a *Snow Crash*, la otra obra referencial de metaverso es *Ready Player One*, de Ernest Cline, publicada en 2011 y llevada al cine por Steven Spielberg en 2018. La trama discurre en el año 2045, en un mundo distópico asolado por la contaminación y las carencias energéticas, controlado por una macrocorporación y en el que el devenir integral tiene lugar en OASIS, el metaverso total. Podemos decir, simbólicamente, que la búsqueda del Santo Grial se ve correspondida en el relato por la localización de la llave virtual que dará acceso a una fortuna inabarcable y al control de OASIS. El entusiasta de los juegos y las experiencias virtuales, Wade Watts, que logra saber dónde se encuentra la llave —razón por la que es asediado y está a punto de perder la vida— sublimará ese logro por el amor real con Samantha: «Nos quedamos allí sentados un rato cogidos de la mano y recreándonos en esa sensación tan extraña de tocarnos de verdad... Al cabo, se inclinó hacia mí y me besó. En ese momento descubrí que, por primera vez en mi vida, no sentía el menor deseo de volver a OASIS»[204].

El metaverso encumbra la realidad virtual que irrumpe a principios de los 90, coincidiendo con *Snow Crash*. Años después, en 2003, se crea Second Life, la primera red social virtual del primitivo metaverso,

---

[204] Cline, Ernest. *Ready Player One*. Penguin Random House (2011). Edición Kindle. Pág. 511.

inspirada en la película Matrix, de 1999, que provocará una gran expectación, pero con resultados que a lo largo de dos décadas no responderán a las expectativas de su fundador, Philip Rosedale. En su haber destaca que la mayor parte de las características del metaverso de Zuckerberg las encontramos enunciadas y, en algunos casos, operativas en Second Life. El propio Rosedale ha manifestado en diversas ocasiones que *Snow Crash* utiliza figuras del metaverso que él mismo evocó antes de la edición del libro. Entre las causas de que Second Life no implantara el metaverso destacan: tecnología inicial insuficiente, fallos técnicos en la plataforma, una curva de aprendizaje dificultosa, reiterados ataques de DDoS en 2005, infracciones frecuentes de derechos de autor, desprotección de la infancia con la presencia de avatares sexuales y prohibición en 2007 de juegos de azar. Philip Rosedale, que había abandonado la compañía coincidiendo con su declive, volvió en calidad de asesor en 2022, ante las nuevas expectativas del metaverso.

A pesar de que pocos tienen dudas de que la web 3.0 será gobernada por la IA y podría integrar al metaverso, se trata de conceptos diferentes que van confluyendo en la transformación de internet. La web 3.0 representa en esencia la internet descentralizada que constituyó la principal premisa de la primigenia red de redes. Se pretendía construir una macro red universal totalmente descentralizada, sin servidores que regularan su tráfico, tanto privados como corporativos o públicos. Este propósito confería a internet un alto poder democratizador, fundamentado en su independencia y en la socialización que acometía; partiendo de que serían los propios usuarios los que dictaminarían la reglamentación y denunciarían sus incumplimientos en una jurisdicción universal sin parangón. Al poco tiempo fue palpable que aquel sueño inicial no sería realizable en la primera web 1.0. Su posterior evolución, lejos de los propósitos democratizadores de sus fundadores, confluyó en la irrupción y en el imparable crecimiento de las redes sociales: la web 2.0, donde millones de usuarios entrecruzan sus opiniones, anhelos, egos, descalificaciones y, en algunos casos, amenazas punibles.

La web 3.0 surge ahora con la promesa de recuperar y amplificar las premisas incumplidas de la web 1.0, pero en un estadio tecnológico con potencialidades incomparables a las de los años 90. De ahí, lo factible de la simbiosis de la IA y el metaverso, incorporando un inventario de prestaciones inéditas. Una de ellas radica en las criptomonedas y en hacer de esta divisa digital la forma de pago habitual de una transacción económica. En cualquier caso, el metaverso fusionará gradualmente los recursos presentes en internet, dotándolos de tridimensionalidad en una navegación virtual que nunca nos dejará indiferentes. Asimismo, observaremos cómo los *smartphones* plegables añadirán una nueva característica a sus prestaciones, pudiendo convertirse en cualquier momento en unos vídeo-auriculares virtuales. Pero el gran reto continuará siendo un metaverso que no precise gafas virtuales para esta experiencia total de realidad extendida virtual XR. Un diminuto chip integrado o acoplado —sin proceso quirúrgico— al cerebro es el gran reto de la biotecnología de la computación y, por supuesto, de la IA.

Neuralink, propiedad de Elon Musk, lidera las investigaciones sobre la interfaz cerebro-computadora, un proyecto estratégico en el amplio cartapacio de este multimillonario. En su primera fase aborda los problemas de movilidad y comunicación que sufren personas con capacidades diferentes. Esta experimentación no ha estado exenta de polémica, por la utilización indiscriminada de animales sin detenerse en los sufrimientos que se les infligen. No obstante, Neuralink anunció, en el otoño de 2023, pruebas de esta interfaz con personas voluntarias. Antes, en 2021, con objetivos estrictamente médicos y terapéuticos, investigadores de la Universidad de Brown en los EE. UU. consiguieron transmitir señales del cerebro a una computadora, obteniendo así un gran logro para las personas con parálisis. El ensayo clínico con tecnología BrainGate conectó un diminuto transmisor a la corteza motora del cerebro de una persona. Los pacientes podían alcanzar velocidades similares de escritura y precisión de clicado con un *mouse* a las que conseguían con los sistemas cableados.

Las nuevas realidades virtuales

El metaverso en su desarrollo avanzado no sería posible sin la evolución desde la realidad virtual VR a la realidad aumentada AR, convergiendo ambas en la realidad mixta inmersiva MR. Agrupándolas a todas, figura la realidad virtual extendida XR, que es el corazón del metaverso. La realidad virtual VR es una simulación de un entorno real generado íntegramente por una computadora. Se utiliza para tal fin un *hardware* que incorpora dispositivos sensoriales que captan los movimientos de personas u objetos, y así construye una realidad virtual. La realidad aumentada AR combina la realidad virtual VR con elementos reales de nuestra vida personal en cualquiera de sus escenarios y actividades, procediendo a una adición de información. El sintagma «realidad mixta (MR)» tiene su origen en el artículo «Una taxonomía de pantallas visuales de realidad mixta», de Paul Milgram y Fumio Kishino, publicado en 1994. Desde entonces, el desarrollo de la MR supone[205]:

- Comprensión ambiental: mapeo espacial.

- Comprensión humana: seguimiento manual, seguimiento ocular y entradas de voz.

- Sonido espacial.

- Ubicaciones y posicionamiento en espacios tanto físicos como virtuales.

- Colaboración en desarrollos 3D en espacios de realidad mixta.

La combinación del mundo físico (real) y el virtual crean el «espectro continuo de la virtualidad», en uno de cuyos extremos se sitúa el entorno físico tangible y en el otro la realidad digital pura. Hoy los dispositivos

---

[205] https://learn.microsoft.com/en-us/windows/mixed-reality/discover/mixed-reality. (Última consulta: 24-10-2022).

216

inmersivos permiten utilizar rangos específicos, pero no la totalidad del espectro continuo de la virtualidad. Progresivamente, estos dispositivos harán factible ampliar estos rangos específicos, lo que facilitará el metaverso integral: una fusión total de la realidad física y la realidad virtual, accediendo a la realidad virtual extendida XR.

A modo de ejemplo, utilizando las gafas de realidad virtual HoloLens 2 de Microsoft, para explorar el espectro continuo de la virtualidad, con movimientos de cabeza simples —izquierda, centro o derecha— se producen estas percepciones[206]:

Hacia la izquierda (cerca de la realidad física). Los usuarios permanecen presentes en su realidad física y no se les hace creer que han dejado esa realidad.

En el centro (realidad totalmente mixta). Estas experiencias combinan el mundo real y el mundo digital. Por ejemplo, en la película *Jumanji*, la estructura física de la casa donde transcurría la historia se mezclaba con un entorno selvático.

Hacia la derecha (cerca de la realidad digital). Los usuarios experimentan una realidad digital y desconocen la realidad física que los rodea.

Las gafas virtuales son, pues, el dispositivo esencial de la realidad virtual y del metaverso en su primer diseño universalizado. Además de una alta resolución, aportan tecnología de sensorización táctil y de

---

[206] *Idem.*

seguimiento de manos para incorporarlas a los juegos; presentan un procesador con una RAM superior a los 5GB; permiten trazar un límite virtual en el espacio físico donde se usan; un sistema de protección admite realizar cualquier movimiento sin colisionar con objetos físicos; y el desarrollo de la experiencia virtual es trasmisible a un televisor o a un *smartphone*. La IA es omnipresente en cada uno de los procesos que acompañan a la realidad virtual. Y tiene particular trascendencia en el proyecto de Meta de eliminar las barreras lingüísticas, implementando un sistema de traducción simultánea en tiempo real omitiendo la lengua original.

El otro objetivo virtual esencial para el metaverso es la mejora y el perfeccionamiento de las representaciones holográficas. Sabemos que se trata de imágenes tridimensionales que, durante las últimas décadas, en fases diferentes de su desarrollo, han estado presentes en diversas *performances* artísticas y en demostraciones de todo tipo. En el metaverso, los hologramas destilarán efectos visuales jamás alcanzados, decodificados por nuestro cerebro a través de ópticas muy sofisticadas: «El resultado es un filtro de protección contra el deslumbramiento láser que bloquea poderosamente [determinadas] longitudes de onda sin distorsionar considerablemente el color y la visibilidad del mundo del espectador»[207].

---

[207] https://metamaterial-com.translate.goog/technologies/holography/
? x tr sl=en& x tr tl=es& x tr hl=es& x tr pto=sc.

Juegos virtuales como Fortnite o Roblox encarnan el metaverso en esta fase preliminar, totalizando el primero de ellos más de 350 millones de jugadores cada mes, la mayoría jóvenes, e incluyendo conciertos y eventos culturales. Es obvio que los videojuegos avanzados son el instrumento perfecto para instruir y familiarizar a sus usuarios con un metaverso «inteligente» que se augura omnipresente en el quehacer humano. Los *millennials*, nacidos ya en contacto visual y físico con las pantallas, entre 1981 y 1996, constituirán la primera fuerza de trabajo en 2030. Quizá ese sea el momento de la extensión integral del metaverso.

La mayor parte de las plataformas de *streaming* se integrarán en el metaverso. Asistiremos a una metamorfosis del audiovisual que probablemente suponga la defunción definitiva del cine como espectáculo visual en una sala de proyección. El comprometido director cinematográfico Constantin Costa-Gravas no alberga la menor duda, comenzando por la naturaleza de las plataformas: «No son proyectos culturales, solo financieros. Han hecho que el cine pierda toda su magia, algo que ha rematado el cierre de las salas durante el coronavirus»[208]. Costa-Gravas, director de memorables filmes como Z o *Desaparecido*, más allá de su ineluctable compromiso político, preserva la naturaleza del cine en cuanto arte narrativo: «Mis películas no tratan tanto de hacer política como de centrarse en la narración y en hacer espectáculo. Como en el antiguo teatro griego, el

---

[208] *El País*, 12-09-2022.

espectáculo es un elemento que te da la oportunidad de hablar de la sociedad, de generar una serie de emociones en el espectador para que luego haga lo que quiera con ellas»[209].

Las emociones no deben abducir; han de provocar sentimientos y ofrecernos la oportunidad de interiorizarlas para ser mejores en nuestra vida y con los otros. Se trata de una reflexión que abre un interrogante sobre la IA y el metaverso, donde el espectro de Matrix es omnipresente, y nos enfrentamos a transformar nuestra vida en una simulación sin tregua.

El metaverso total tardará todavía unos años en instaurarse, aventajándole los desarrollos de la IA. La industria ha de vencer obstáculos sustanciales. El primero de ellos es el diseño y fabricación masiva de chips de altas prestaciones, que conlleva enfrentarse con recursos físicos de compleja explotación. Así como la necesidad de cuantiosas inversiones para construir nuevas plantas de producción de semiconductores de última generación, proyectos que tardan no menos de tres años en ejecutarse. El alto consumo de la IA y el metaverso precisará doblar las fuentes de energía verde, insoslayables ante la deriva climática del planeta. Y, primordialmente, ampliar de manera exponencial la actual capacidad de la nube, que deberá soportar un astronómico volumen de datos todavía no cuantificado. Mientras, los audiocascos virtuales tendrán una larga vida, cada vez serán más livianos y cómodos, trasladando a la nube toda la

---

[209] *Idem.*

220

información para que sea procesada por supercomputadoras. La primera etapa del metaverso pasa por metaversos parcelados que cubrirán necesidades inherentes a sectores de la empresa, la industria, el comercio y la educación; y todos los niveles de la cultura y el divertimento, así como una nueva forma de relacionarse socialmente. Todo ello está sujeto a considerables inversiones que pueden alterar el club de los billonarios tecnológicos, que durante décadas han controlado la implantación y el crecimiento de las tecnologías digitales.

En definitiva, el metaverso total no lo será de inmediato; otra cosa son los juegos del metaverso que ya disfrutamos —que mejoran sus prestaciones progresivamente— y aplicaciones para el hogar, el trabajo y la docencia. Debemos situar el metaverso en la perspectiva del medio plazo, a sabiendas de que puede engullir en su tránsito a actores corporativos que en su momento pretendieron situarse en la «cima del mundo». Mark Zuckerberg corre ese riesgo, en una situación que paradójicamente se asemeja a la del fundador de Second Live, Philip Rosedale. Ambos tienen el denominador común, con matices, de no haber evaluado certeramente los objetivos que supuestamente eran factibles a corto plazo. Si bien, en lo que se refiere a Zuckerberg, su error ha sido de cálculo respecto al ritmo de implantación, y dejar inicialmente en un segundo plano a la IA. Lo que no obsta para que él y el resto de los emprendedores tecnológicos mantengan su fe ciega en la tecnología, conceptuada como un *continuum* de progreso.

La ingeniería neuronal en las tecnologías inteligentes

Albert Einstein afirmaba en 1936 que «el concepto de "mundo real externo" que existe en el pensamiento de cada día reposa en forma exclusiva sobre impresiones sensoriales... La diferenciación entre impresiones sensoriales e imágenes no es posible o, al menos, no es posible establecerla con absoluta seguridad»[210]. Einstein desde muy joven se adentró en la física de Galileo y Newton, con particular interés en la fórmula de la gravedad enunciada por este último, una expresión matemática sencilla como, curiosamente, lo sería la de la relatividad —en su formulación simple— elaborada por Einstein, pero ambas de un alcance trascendental. El gran sabio alemán tuvo que utilizar su intuición e imaginación, a partir de percepciones sensoriales vividas, para colegir que la física de Newton, *strictu sensu*, no explicaba la existencia del Universo ni el comportamiento de los exoplanetas en sistemas solares a años luz de nuestra galaxia. El espacio debía contener también la dimensión del tiempo y la masa del objeto observado para determinar su comportamiento a velocidades y distancias cósmicas: así surgió el concepto espacio-tiempo.

El descubrimiento profundo del cerebro determinará la totalidad de nuestras percepciones sensoriales y guarda ciertas analogías con el proceso heurístico de Einstein; ya que será la clonación de nuestras capacidades sensoriales la que determine la naturaleza última de la IA.

---

[210] Einstein, Albert. *Ideas y opiniones*. http://mmur.net/einstein.pdf. (Última consulta: 31-10-2022).

Sin embargo, aún resta un largo camino para poder hallar una explicación tanto holística como particular de la estructura, composición y funcionamiento del cerebro: «Todavía no entendemos cómo nuestro cerebro utiliza los diferentes tipos de neuronas para resolver un problema. Tenemos una idea, y podemos probar conceptos, pero no conocemos todavía toda la historia»[211].

Neuralink es la punta de lanza de Elon Musk para, desde la IA, liderar los mundos virtuales, previendo un futuro en el que las gafas de realidad virtual pasarán a ser una antigualla. Una interfaz cerebro-computadora nos permitirá sumergirnos en el metaverso como secularmente hemos hecho en la vida ordinaria utilizando solo nuestros sentidos.

Las partes críticas del cerebro, cuyo control sensorial por *interfaces* representa el núcleo de la ingeniería neuronal, abarcan la totalidad de nuestras percepciones.

La corteza visual procesa la información visual que llega a nuestros ojos. Pero no solo eso, sino que está en permanente actividad e incluso cuando dormimos reprocesa todas las imágenes que hemos visto a lo largo del día, influyendo determinantemente en nuestros sueños.

La corteza auditiva combina los sonidos que reciben ambos oídos percutiendo sobre sus neuronas, que nos facilitan una percepción

---

[211] Tranter, Mike. *Un millón de preguntas para un neurocientífico: Descubriendo el cerebro*. Edición Kindle (2021). Pág. 164.

223

diferenciada si se trata de voces humanas. Decodifica, además del volumen, el timbre y el tono de la voz, entre otros complejos procesos.

La corteza somatosensorial del lóbulo parietal procesa los estímulos táctiles y la sensación de dolor, según actúa el hipotálamo —una parte esencial del centro de cerebro—, que protege nuestro cuerpo actuando de «llave de paso» del dolor, máxima señal de alerta que nuestro organismo le transfiere. Las anestesias en intervenciones quirúrgicas inhiben el hipotálamo.

La corteza motora controla y ejecuta los movimientos voluntarios. Envía las ordenes de ejecución a las motoneuronas de la médula espinal para activar la secuencia de movimiento de la persona.

Musk otorga a Neuralink un papel social solidario, destacando que su tecnología pretende, prioritariamente, ayudar a personas con parálisis para que puedan hacer una vida normal: «Nuestros dispositivos se están diseñando actualmente para brindar algún día a las personas la capacidad de comunicarse más fácilmente a través de síntesis de texto o voz, seguir su curiosidad en la web o expresar su creatividad a través de aplicaciones de fotografía, arte o escritura»[212]. Esta intención abarca las potencialidades de la IA y el metaverso en un apartado estratégico determinante. Neuralink prioriza el objetivo de que una persona «pueda controlar computadoras y dispositivos móviles directamente con sus pensamientos». A tal efecto, Neuralink diseña

---

[212] https://neuralink.com/applications/. (Última consulta: 31-10-2022).

un enlace «para conectarse a miles de neuronas en el cerebro, de modo que algún día pueda registrar la actividad de estas neuronas, procesar estas señales en tiempo real y traducir los movimientos previstos directamente al control de un dispositivo externo»[213].

Nuestro cerebro resulta fácil de engañar, especialmente en su percepción visual. Los juegos de magia más comunes, conocidos desde siglos, forman parte de un repertorio que no por redundante nos deja nunca indiferentes. La clave reside en varios factores. El primero de ellos es que nuestra percepción visual es de baja resolución, salvo en el centro matemático (preciso) de nuestra mirada a escasa distancia del suceso. Esto es algo que constatamos también al enumerar las características de un cuadro, o si se trata de una secuencia de movimientos, como es el caso de los fotogramas de una película. Nuestra atención se diluye con facilidad; sin dificultad podemos estimularla de forma divergente, alejándola del foco principal. La perspectiva del espectador, la sensación de ausencia de profundidad, el tipo de iluminación y sus variaciones condicionan la percepción visual-mental de las manipulaciones de un mago o ilusionista. La ayudante o la capacidad de seducción del mago son reclamos para discontinuar nuestra atención en la secuencia de un truco de magia.

---

[213] *Idem.*

225

Y puede confundirnos por completo. Y no solo al mortal de los comunes, sino también a los grandes magos de la historia. Houdini, uno de los más notorios, con capacidades no superadas para el escapismo, retó a todas las personas relacionadas con el mundo de la magia a hacer un truco tres veces seguidas, asegurando que podría revelar la mecánica del engaño. El hotel Great Northern de Chicago fue el escenario, en 1922, de la apuesta asumida por el gran mago Dai Vernon «El profesor», que batió sin remisión a Houdini, ejecutando tres veces el truco de la «carta ambiciosa» sin que este pudiera descifrarlo. «Vernon pidió a Houdini que escogiera una carta y escribiera en ella sus iniciales. A continuación, metió la carta en mitad de la baraja. Vernon chasqueó los dedos y la carta de Houdini había subido a lo más alto. Houdini se quedó perplejo»[214]. Lo que confundió a Houdini en este truco de prestidigitación fueron las imprecisiones de nuestro sistema visual —recordemos que no puede discriminar más de 72 fotogramas por segundo, lo que equivale aproximadamente a 13 milisegundos por imagen—, el efecto sonoro al intercambiar las cartas y las explicaciones evasivas de Vernon.

Sometido el cerebro a estímulos de diversa naturaleza, puede crear percepciones ficticias de una realidad material inexistente. Esto lo encontramos en el meollo de la realidad virtual extendida XR, constatable en los juegos que ya operan con el concepto. Y en las características de un metaverso primario con el que deberemos

---

[214] Martínez-Conde, Susana. *Los engaños de la mente*. Destino (2010). Edición Kindle. Posc. 518.

convivir en un horizonte de integración total. En la medida que las neurociencias completen el mapa del funcionamiento del cerebro, más cerca estaremos de la mixtificación de nuestras vidas en el último eslabón.

El «periodismo inteligente» y la salvaguarda ética

Hemos de ser conscientes de que alimentamos a diario la IA, develando las interioridades de nuestras vidas a partir de la recopilación de todo aquello que concierne a cuanto hacemos e, incluso, a cuanto pensamos. Programas algorítmicos establecen nuestros perfiles ideológicos, motivaciones de compra y predilecciones lúdicas, entre otros apartados que deberían formar parte de una privacidad intransferible. Las preferencias informativas, no ajenas a los sesgos y niveles de aprobación subjetivos, son detectadas pormenorizadamente. De esta forma, recibimos en nuestro dispositivo una extensa oferta que polariza incontestablemente nuestro punto de vista sobre la actualidad. No seamos ilusos; si a alguien se le ocurre que habrá periodistas informando «objetivamente» en el nuevo metaverso, es muy posible que yerre. Si nadie ha refutado que la información siempre ha sido un atributo de poder para quien la controla, ¿será el metaverso el nuevo Eldorado en el que los periodistas puedan acercarse a los asuntos mollares de la humanidad, manteniendo su independencia y libertad para informar? Encerradas las comunidades en los límites virtuales de un universo sin fronteras, atrapados sus inquilinos en la distinción entre verdad e irrealidad, ¿perdurarán los medios de comunicación con funciones similares a las que han servido para delimitar nuestro mundo real?

En las dos últimas décadas, las empresas multimedia —que habían incorporado periódicos, emisora de radio y canales de televisión— han abrazado con entusiasmo la IA y la realidad virtual. Las salas de redacción de los medios están haciendo un denodado esfuerzo tecnológico y autoformativo presentando, además de recursos tecnológicos innovadores, nuevas narrativas acompañadas de profusos y sugerentes recursos virtuales. Así lo atestigua Laura Lorek, fundadora y CEO de *Silicon Hills News*: «En los últimos 20 años, el mundo del periodismo y los mundos de las realidades virtuales y aumentadas, también conocidos como "el metaverso", se casaron para producir una nueva ola de métodos narrativos inmersivos, agudos y tecnológicamente inteligentes, incluidos documentales impulsados por VR y AR, periodismo de datos apoyado por IA e historias digitales visualmente agradables»[215]. Lorek no antepone los valores de independencia y veracidad a los móviles económicos, a los dividendos que generen, que se aventuran cuantiosos para las empresas de comunicación que pasen a ser actoras destacadas del metaverso. La propia Lorek recomienda que «los periodistas estén presentes en espacios virtuales como plataformas de juegos, así como

---

[215] https://rjionline.org/news/can-journalism-get-ahead-of-the-metaverse/. (Última consulta: 07-11-2022).

228

mantener un espíritu "emprendedor" durante todo el proceso de experimentación»[216].

En puertas de su desaparición definitiva, el rotativo tradicional se ha reinventado la última década con éxito en formato digital o como conjunto de páginas *online* sujetas a un menú. Abandonando la gratuidad, salvo excepciones, las suscripciones han dado una nueva vida a la prensa, pero ya horneada con todos los recursos que brindan las tecnologías inteligentes, dejando al papel como una reliquia de otro tiempo. La «revolución inteligente» ya ha comenzado en los conglomerados de medios y en marcas periodística de añeja tradición. El *Washington Post*, cuyo lema de cabecera es «La democracia muere en la oscuridad», ha incorporado con rigor una gran cantidad de recursos virtuales en el desarrollo y el desglose de informaciones en 3D, antesala del metaverso. Lo hace a partir de su Lede Lab, Laboratorio de Ingeniería y Diseño en Editorial, que «explora tecnologías emergentes, nuevas técnicas de narración y asociaciones creativas»[217]. En su seno acoge a un equipo multidisciplinar compuesto por periodistas, tecnólogos y diseñadores de VR. Entre sus realizaciones destaca la reconstrucción con recursos virtuales de los siete días de violentas protestas en Minneapolis (EE. UU.), tras la muerte de George Floyd el 25 de mayo de 2020, al ser detenido brutalmente por un policía blanco. Floyd, de

---

[216] *Idem.*

[217] https://www.washingtonpost.com/graphics/lede-lab/. (Última consulta: 07-11-2022).

46 años, murió como consecuencia del ahogamiento que le produjo la actuación del agente Derek Chauvin, que aplastó con la rodilla su cuello mientras estaba esposado boca abajo en el pavimento. Otra realización destacada del Lede Lab es, mediante Heliograf 3.0, la creación de la presentadora virtual Claire, que utilizando IA dio cuenta pormenorizada de las actualizaciones de los resultados de las elecciones presidenciales de la Cámara de Representantes y del Senado de los EE. UU. de 2020. La difusión se verificó a través de *podcasts*.

En un capítulo anterior, otorgábamos importancia al código ético del periodista, informador o comunicador; aun a sabiendas de que generalmente es potestativo, sin ningún tipo de sanciones, salvo las que derivan en su caso del código penal aplicado por un juez. No obstante, ha supuesto una referencia para la práctica profesional de informadores y comunicadores, así como para las sociedades democráticas. En un futuro próximo, ¿cómo se regularán los *chatbots*, el metaverso y sus contenidos? ¿Qué papel desempeñará el periodista y cómo se reglamentará el ejercicio de su profesión? Es una cuestión perentoria si tomamos en consideración el devenir de internet desde mediados de los noventa y su transformación «inteligente».

La pervivencia de la figura del periodista se presenta crucial para poder ordenar con criterios de servicio público las noticias más relevantes que determinan el discurso informativo. A tal efecto, ¿cómo se podrá diferenciar si el informador es un periodista o un *chatbot*?, ¿quién poseerá los derechos de autor en los contenidos creados por IA?, ¿cómo se establecerá y a quién incumbirá la identificación y corrección del sesgo atribuible a los contenidos generados por IA? Estas son cuestiones insoslayables para encumbrar un periodismo honesto como garante de la nueva democracia virtual que amparará la IA. Y para superar el riesgo de que la clase política y el buen gobierno sean sustituidos por la «digitalocracia inteligente».

Leyes para el cambio tecnológico

En relación con la IA, la Unión Europea dirige sus trabajos a la aprobación de la primera Ley de Inteligencia Artificial de la comunidad mundial, estableciendo como prioridades «garantizar que los sistemas de IA utilizados en la UE sean seguros, transparentes, trazables, no discriminatorios y respetuosos con el medio ambiente»[218]. Destaca, en el proyecto de ley, que todo sistema inteligente debe ser supervisado por personas, y alerta de niveles de alto riesgo, entendiendo como tales los que afectan directamente a la seguridad y los derechos fundamentales de los seres humanos. Para materializar esta protección en el manejo de la IA es necesario:

---

[218] https://www.europarl.europa.eu/news/es/headlines/society/20230601 STO93804/ley-de-ia-de-la-ue-primera-normativa-sobre-inteligencia-artificial#:~:text=En%20abril%20de%202021%2C%20la,una%20mayor%20o %20menor%20regulaci%C3%B3n. (Última consulta: 04-08-2023).

231

- Revelar que el contenido ha sido generado por IA.
- Diseñar el modelo para evitar que produzca contenidos ilegales.
- Publicar resúmenes de los datos protegidos por derechos de autor utilizados para el entrenamiento de sistemas «inteligentes».
- Fiscalizar la identificación biométrica y la categorización de personas físicas.

La identificación biométrica tiene una gran relevancia, como se deriva de una de las enmiendas presentada al proyecto, que la categoriza como «reconocimiento automatizado de rasgos físicos, fisiológicos, conductuales y psicológicos humanos, como la cara, el movimiento ocular, las expresiones faciales, la forma del cuerpo, la voz, el habla, el modo de andar, la postura, la frecuencia cardíaca, la presión arterial, el olor, las pulsaciones de tecla, las reacciones psicológicas (ira, angustia, dolor, etc.)»[219]. A través de esta práctica se elaboran bases de datos biométricos que son inmutables y se fija la identidad de cada persona estableciendo baremos comparativos. Su uso puede ser discriminatorio y perverso.

China, desde hace una década, va extendiendo esta tecnología de vigilancia para controlar a toda su población en una ingente aprehensión de datos. Después de un año de investigación, *The New*

---

[219] https://www.europarl.europa.eu/doceo/document/TA-9-2023-0236_ES.html. (Última consulta: 04-08-2023).

York Times concluye que el gobierno chino está diseñando un sistema para «maximizar lo que el estado puede averiguar sobre la identidad, las actividades y las conexiones sociales de una persona, lo que en última instancia podría ayudar al gobierno a mantener su régimen autoritario»[220]. El informe enumera y categoriza los mecanismos de vigilancia sustentados en gran medida en la biometría, pero también en el control de cualquier tipo de dispositivo electrónico, además del ADN:

- La policía china analiza los comportamientos humanos para garantizar que las cámaras de reconocimiento facial capturen la mayor cantidad de actividad posible.

- Las autoridades están utilizando rastreadores de teléfonos para vincular la vida digital de las personas con sus movimientos físicos.

- El ADN, las muestras de escaneo del iris y las huellas de voz se recolectan indiscriminadamente.

- El gobierno quiere conectar todos estos puntos de datos para crear perfiles completos de los ciudadanos, accesibles para todo el gobierno.

Lo que se presenta como una gran innovación para eliminar contraseñas, abrir la puerta del domicilio o del automóvil, pagar una

---

[220] https://www.nytimes.com/2022/06/21/world/asia/china-surveillance-investigation.html. (Última consulta: 08-08-2023).

233

factura... puede derivar en agnosia, produciendo efectos contrarios a las prestaciones publicitadas, amén de la vulneración de la privacidad y de la seguridad jurídicas.

Respecto al metaverso, la UE, en el otoño de 2022, fijó su posición en la declaración «Personas, tecnologías e infraestructuras: el plan de Europa para prosperar en el metaverso». Ofreció las pautas de un corpus legislativo fundamentado en la primacía del bien común: «no seremos testigos de un nuevo Salvaje Oeste o nuevos monopolios privados»[221].

En el documento se desarrollan tres puntos esenciales[222]:

1. Personas: un metaverso centrado en los valores y normas de Europa.

2. Dar forma a los metaversos mediante el dominio de las tecnologías.

3. Una infraestructura de conectividad resiliente (adaptativa a los diversos entornos digitales).

Este pronunciamiento reforzó el papel de la UE en el apartado regulatorio de tecnologías virtuales, que palia en parte la carencia de liderazgo e inexistencia de una gran corporación en este ámbito. La UE aquilata una legislación avanzada como son la Ley de Servicios Digitales (DSA) y la Ley de Mercados Digitales (DMA). Además, la

---

[221] Esquina de prensa | Comisión Europea (europa.eu). (Última consulta: 08-11-2022).

[222] *Idem.*

iniciativa en torno al metaverso se refuerza con la Coalición Industrial de Realidad Virtual y Aumentada cuya misión es «informar la formulación de políticas, fomentar la inversión, facilitar el diálogo con las partes interesadas e identificar desafíos y oportunidades clave para el sector europeo de VR / AR»[223]. La UE es consciente de que se están desarrollando diversos metaversos y de que estos abarcarán en un futuro buena parte del quehacer de los seres humanos, lo que obliga a un esfuerzo conjunto y a «desarrollar la creatividad artística, hacer simulaciones de la vida real dirigidas a intervenciones médicas, preservación cultural, protección del medio ambiente o prevención de desastres y mucho más»[224]. Para ello, la UE reitera su férrea oposición a los monopolios y reafirma su concepción de servicio público: «ningún jugador privado debe tener la llave de la plaza pública».

---

[223] La Coalición Industrial de Realidad Virtual y Aumentada | Configurar el futuro digital de Europa. (Última consulta: 08-11-2022).
[224] *Idem.*

CAPÍTULO 5

LOS RECURSOS DEL PLANETA Y LA HIPERTECNOLOGIZACIÓN

Los desequilibrios y las contradicciones del mundo global

El planeta está enfermo, las emisiones de CO2 provenientes de combustibles fósiles marcaron en 2023 un nuevo máximo histórico. Nos alejamos todavía más del objetivo de reducción de los gases de efecto invernadero para contener el calentamiento global. Y, por tanto, del Acuerdo de París que establece que no se deben superar en ningún caso los 2 °C respecto a la era preindustrial. Debemos realizar ya todos los esfuerzos posibles para no rebasar los 1,5 °C, algo improbable. Es imprescindible para satisfacer este compromiso, como se ha reiterado infinidad de veces, que la humanidad renuncie de forma gradual a combustibles fósiles como el petróleo, el carbón y el gas, que son los principales emisores de energías de efecto invernadero.

El verano de 2023 supuso un infierno de calor sin precedentes, acompañado de incendios forestales que arrasaron millones de hectáreas de norte a sur. El deshielo de los casquetes polares, el aumento de las temperaturas en los océanos, tornados e inundaciones en intensidad creciente y sequías pertinaces fueron el colofón. Tal como dio a conocer la Organización Meteorológica Mundial, la Tierra experimentó, en julio de 2023, la semana más calurosa de su historia. Según Michael Flannigan, profesor de la Universidad Thompson Rivers en Kamloops, Columbia Británica, que ha estudiado durante más de 35 años la interacción del fuego y el clima, «el Ártico se está calentando cuatro veces más deprisa que el resto del mundo, alterando las rápidas corrientes de aire que fluyen muy por encima del planeta, conocidas como corrientes en chorro, que luego causan fluctuaciones salvajes de temperatura y precipitaciones»[225]. Todo esto empeorará con la aparición de El Niño. En un informe del Panel Intergubernamental sobre el Cambio Climático[226], se constata que en el sur de Europa las temperaturas aumentarán un 14 % si el planeta sigue su actual evolución y se calienta 2,5 grados.

El contrapunto alentador es que, desde 2020, la proliferación de energía eólica y solar avanza de forma mantenida y se espera que las energías renovables prevalezcan sobre el carbón en 2025, constituyéndose en las principales fuentes de generación eléctrica: «Se prevé que las energías renovables representen más del 90 % de la expansión de la capacidad eléctrica mundial durante el período de

---

[225] https://www.nytimes.com/2023/08/23/opinion/canada-wildfires-climate-change.html. (Última consulta: 23-08-2023).

[226] https://www.ipcc.ch/report/ar6/wg2/downloads/report/IPCC_AR6_WGII_Chapter13.pdf. (Última consulta: 23-08-2023).

pronóstico. La revisión al alza está impulsada principalmente por China, la Unión Europea, los Estados Unidos y la India»[227].

En 2023, la humanidad contabilizaba más de ocho mil millones de habitantes, y para 2080 se estiman en 10.000 millones las personas que habitarán nuestro planeta. Desde 2023, India supera con claridad a China como el país más poblado y se presenta como su más inmediato competidor en los ámbitos económico y militar. No obstante, el crecimiento de la población mundial experimentará una ralentización significativa, aunque los desequilibrios persistirán; se estima que en 2080 el primer mundo habrá perdido la mitad de su población, y el incremento de la población mundial se concentrará en el continente africano. La pandemia asestó un golpe sustancial a la esperanza de vida en los países occidentales, pasando de 72,8 años en 2019 a 71 en 2021, mientras que en el tercer mundo se redujo siete años. Según diversas estimaciones, en unos ochenta años China experimentará una regresión de sus nacimientos, que reducirá a la mitad su población. También la práctica totalidad de los países con economía desarrollada —entre los que despunta Japón con su endémica disminución poblacional desde hace doce años— protagonizarán un envejecimiento de sus habitantes sin precedentes. Entre las preocupaciones que esto suscita destacan con qué fondos podrán abonarse las pensiones, y la necesidad de posponer la edad de

---

[227] https://www.iea.org/reports/renewables-2022/executive-summary

jubilación y mantener unos servicios asistenciales especializados para los mayores.

Frente a esta realidad demográfica, Antonio Guterres, secretario general de la ONU, alerta de que «a menos que superemos el enorme abismo entre los ricos y los pobres, nos estamos preparando para un mundo de 8000 millones de habitantes lleno de tensiones y desconfianza, crisis y conflictos»[228]. En el centro de esta disyuntiva se encuentra la necesidad de definir un nuevo modelo de desarrollo humano, que contemple por igual la salud de las personas y del planeta, satisfaciendo con equidad las necesidades básicas de sus habitantes. Esto pone en cuestión un modelo de constante concentración de capital y las políticas de austeridad neoliberales. En un estudio sobre las élites económicas mundiales, el economista Peter Philips destaca que las desigualdades «solo generan más sufrimiento para la mayoría de los seres humanos. Cada día mueren decenas de miles de personas por desnutrición o enfermedades fácilmente curables»[229].

La realidad climática y su enfoque político debe contextualizarse en las coordenadas de un mundo dividido y enfrentado entre regímenes autoritarios y aquellos que gozan de sistemas democráticos homologables. En el informe de Freedom House de 2022 se denuncian

---

[228] https://news.un.org/es/story/2022/11/1516892. (Última consulta: 28-11-2022).

[229] Philips, Peter. *Megacapitalistas*. Roca Editorial. Edición Kindle (2019). Pág. 309.

las amenazas a las que se enfrenta la libertad global: «En todo el mundo, los enemigos de la democracia liberal —una forma de autogobierno en la que se reconocen los derechos humanos y todas las personas tienen derecho a un trato igualitario ante la ley— están acelerando sus ataques»[230]. Para esta organización no gubernamental, que trabaja por la expansión de la democracia, desde 1973, el orden mundial que se ha caracterizado por la primacía de la democracia, en un equilibrio variable, ahora se tambalea. Y lo hace desde las mismas entrañas de los países democráticos, donde determinadas fuerzas internas «han explotado las deficiencias de sus sistemas, distorsionando la política nacional para promover el odio, la violencia y el poder desenfrenado»[231]. El estudio de Freedom House certifica que a lo largo de 16 años se ha producido una merma de la libertad, habiendo caído en 2021 los indicadores de desarrollo democrático en 60 países, con mejoras que solo afectaron a 25 en el contexto mundial. En la actualidad, entorno al 38 % de la población vive en países carentes de libertad, una cifra que rebasa el porcentaje más elevado desde 1997. En definitiva, tan solo el 20 % de la población mundial vive en regímenes democráticos plenos.

El documento es implacable con los regímenes de Xi Jimping y Vladimir Putin, al recalcar que los «líderes de China, Rusia y otras dictaduras han logrado cambiar los incentivos globales, poniendo en peligro el

---

[230] https://freedomhouse.org/report/freedom-world/2022/global-expansion-authoritarian-rule. (Última consulta: 29-11-22).
[231] *Idem.*

consenso de que la democracia es el único camino viable hacia la prosperidad y la seguridad, al tiempo que fomentan enfoques de gobierno más autoritarios»[232]. Para Freedom House, la democracia en un país no se puede instaurar por fuerzas ajenas a ese país, ya que «son los defensores de los derechos humanos locales y de la diáspora, las organizaciones de base de la sociedad civil y los electores empoderados los que deben trazar el rumbo y, en última instancia, determinar el futuro de su propio país»[233].

La tecnologización y su impulso de cambio se impone en ocasiones a los criterios de calidad democrática, e incluso actúan como un subterfugio que enmascara las carencias democráticas de diversos regímenes, entre ellos el de la República Popular China como gran potencia. En China la retórica política que cimenta el régimen comunista se retrotrae al propio «gran timonel». El 25 de febrero de 1957, Mao Tse-Tung enunció el desiderátum del Partido Comunista Chino con contradicciones conceptuales que evidencian la esencia y los fines del régimen, en una orientación que no ha variado: «Nuestra democracia socialista es el tipo más amplio de democracia, como no se encuentra en ningún estado burgués. Nuestra dictadura es la dictadura democrática popular dirigida por la clase obrera y basada en la alianza obrero-campesina. Es decir, la democracia opera dentro de

---

[232] *Idem.*
[233] *Idem.*

las filas del pueblo»[234]. Así, mientras China se ha convertido en la segunda potencia mundial por su desarrollo tecnológico y el auge de su economía, la democracia no existe como tal en ese país.

La desnaturalización o la ausencia de democracia también se verifica en Occidente, donde se anteponen intereses tecnológicos, económicos y geopolíticos al ideario democrático. En esa secuencia, los sistemas democráticos consolidados también están amenazados, susceptibles de sucumbir a intereses e ideologías cuya naturaleza autoritaria subyace. A ambos lados del espectro geopolítico e ideológico, el denominador común del caudillismo autoritario se verifica como opción política para regir a sus países.

Otra amenaza se produce en la evolución revisionista del pensamiento de las dos corrientes políticas que han caracterizado la gobernanza del mundo a derecha e izquierda. En sus dos extremos, la primera se decanta por fórmulas más autoritarias e iliberales —Hungría o Polonia—, mientras que la segunda se reconvierte en identitaria, dejando en barbecho el principio cohesionador de la igualdad suplantado por el de identidad. Paradójicamente, ambas corrientes extremas rompen su unicidad entorno al conflicto entre Rusia y Ucrania, e incluso coinciden en que Zelenski capitule. Como afirma el filósofo Antonio Marina, «la corriente ilustrada, siguiendo la Ley del

---

[234] Discurso de Mao Tse-Tung en la undécima sesión (ampliada) de la Conferencia Estatal Suprema. Publicado en el *Diario del Pueblo* el 19 de junio de 1957. https://www.marxists.org/reference/archive/mao/selected-works/volume-5/mswv5_58.htm. (Última consulta: 29-11-2022).

Progreso Ético, desembocó en un modelo de felicidad pública basado en la confianza en la razón y en la ciencia, la universalidad de las verdades y los derechos. [Estas ideas] provocaron un poderoso movimiento en contra que ha hecho extraños compañeros de cama. Hay, en efecto, antiilustrados de derechas y de izquierdas»[235]. La universalización de los derechos humanos que dimana de los valores ilustrados es cuestionada como si se tratara de una peligrosa ideología para colonizar el mundo impulsada por blancos. El Tercer Mundo y el «Movimiento de países no alineados» son ya conceptos caducos sustituidos por el Sur global, una corriente que, con la aquiescencia de los dirigentes chinos, intenta liderar Vladimir Putin. Como afirma la escritora Eva Borreguero, «la crítica a los derechos proviene mayoritariamente de los dirigentes autoritarios y conviene a los Estados iliberales que recurren a la retórica antioccidental para anular un aspecto central de los mismos, el reconocimiento del individuo en tanto que sujeto político»[236].

La guerra de Ucrania ha aflorado la realidad de Europa, la pertinencia de su vínculo transatlántico con EE. UU. y los equilibrios geopolíticos mundiales. Josep Borrell, alto representante de Asuntos Exteriores de la UE, ha analizado estas cuestiones en sus intervenciones, subrayando que «una parte importante de la prosperidad [de la UE] se ha construido en torno a la energía barata de Rusia y el comercio

---

[235] Marina, José Antonio. *El deseo interminable*. Ariel. Edición Kindle (2022). Pág. 230.

[236] El País, 26-12-2022, pág. 9.

con China mientras la seguridad venía de Estados Unidos... El error estratégico fue poner la energía en manos de un proveedor tan poco fiable como Putin»[237]. China es también para Borrell motivo de reflexión, en especial por su poderío económico, que exhibe en Latinoamérica desbancando a los inversores europeos, principalmente los españoles. Empero, EE. UU., con el Nuevo Consenso de Washington, constituye en la actualidad una competencia innegable para la economía de la UE, con su plan de incentivos masivos para las energías verdes y, por tanto, para el sector industrial y tecnológico. Las subvenciones amparadas en la Ley de Lucha contra la Inflación (IRA), contestadas por la UE, han supuesto un monto de 370.000 millones de dólares para empresas de renovables, automóviles eléctricos y baterías. La UE elevó sus protestas a la Organización Mundial del Comercio e intentó negociar con la administración Biden lo que considera una competencia desleal para el libre mercado. Esto ha movido a la UE a relajar las trabas a las ayudas de los estados a empresas competidoras en ese mismo segmento. En cualquier caso, la creación de una comisión bilateral para abordar este asunto apunta a posibles acuerdos que beneficien a las empresas europeas exportadoras.

Las políticas neoliberales de amplio espectro desregulatorio, nacidas del llamado Consenso de Washington, expuesto en un artículo por el economista británico John Williamson, en 1989, y simbolizadas por las

---

[237] *El País*, 16-10-2022. Negocios, pág. 17.

gestiones respectivas en los años 90 de Donald Reagan (EE. UU) y Margaret Thatcher (Reino Unido) han presidido la economía mundial hasta la recesión de 2008. Después, sendas crisis, una de carácter pandémico —la COVID-19— y otra bélica de proyección global —la agresión rusa a Ucrania— han supuesto un repliegue parcial de la globalización y han dado pábulo a un Nuevo Consenso de Washington —antagónico respecto a su precedente— esbozado por el asesor de seguridad nacional de EE. UU., Jake Sullivan, en abril de 2023, criticando anteriores propuestas de libre mercado: «El postulado de que una profunda liberalización del comercio ayudaría a Estados Unidos a exportar bienes, no empleos ni capacidad, fue una promesa que se hizo pero no se cumplió»[238]. La iniciativa enunciada por Sullivan fundamenta políticas proteccionistas para las industrias estratégicas, como la de semiconductores o la automovilística, que ya está impulsando el presidente de EE. UU., Joe Biden, ante el recelo de la Unión Europea. Sullivan, no obstante, hace mención de Europa como «aliada de EE. UU.», y respecto a China esboza la voluntad de colaborar desde «una sana competencia económica». Las últimas proyecciones del FMI, en 2023, corroboraban el debilitamiento de los intercambios en el comercio entre bloques geopolíticos.

Ursula von der Leyen, presidenta de la Comisión Europea (CE), en el discurso del Estado de la Unión de 2022, fue crítica con las

---

[238] https://www.whitehouse.gov/briefing-room/speeches-remarks/2023/04/27/remarks-by-national-security-advisor-jake-sullivan-on-renewing-american-economic-leadership-at-the-brookings-institution/. (Última consulta: 31-07-2023).

corporaciones que se están beneficiando egoístamente de la guerra de Ucrania: «Las grandes empresas de petróleo, gas y carbón también están obteniendo enormes beneficios. Y por eso tienen que pagar una parte equitativa: tienen que aportar una contribución contra la crisis»[239]. La presidenta de la UE, en una intervención sin precedentes, concluyó que «los beneficios deben compartirse y canalizarse hacia quienes más los necesitan»[240]. El papel de la UE es innegable en un gran proyecto unificador (y conciliador) de Europa en el concierto internacional, así como en la protección de los valores democráticos y los intereses económicos de sus países miembro, pero necesitado de mejoras de calado.

El pensador alemán Hans Magnus Enzensberger, fallecido en 2022, en su libro *El gentil monstruo de Bruselas o Europa bajo tutela,* de 2011, realiza una disección crítica de la gobernanza de la Unión y de los parámetros democráticos que la fundamentan, sin obviar la apabullante burocracia que en un buen número de ocasiones la constriñe: «El Parlamento Europeo no puede decidir el presupuesto sino en concordancia con el Consejo. Un solo representante de este tiene capacidad para bloquear las resoluciones presupuestarias de aquel. Así, la clásica regla de *"No taxation without representation"*

---

[239] Discurso sobre el estado de la Unión de 2022 pronunciado por la presidenta von der Leyen (europa.eu). (Última consulta: 02-12-2022).
[240] *Idem.*

queda sin vigor»[241]. Para este filósofo, la UE está regida por un poder blando, pero efectivo: «La Unión no concibe su misión como un ejercicio de opresión a sus ciudadanos, sino un acto de homogeneización absolutamente silenciosa de las condiciones de vida en el continente. No construye una nueva cárcel para los pueblos sino un correccional al que incumbe la supervisión, bondadosa pero severa, de los encomendados a su protección»[242].

La finitud de recursos

Formulada la pregunta acerca de si los recursos del planeta podrán satisfacer un desarrollo tecnológico e industrial ilimitado, la respuesta es negativa sin matices. No obstante, sí es pertinente interrogarnos sobre hasta dónde alcanzarán estos recursos, preservando el equilibrio de la biosfera para un desarrollo sostenible. Todo ello ante el reto de implementar las máximas capacidades de la IA como prioridad. En 2022, se cumplieron cincuenta años de la redacción del informe Meadows, impulsado por el Club de Roma, que fundamentaba la «teoría del crecimiento cero» y era un documentado alegato contra el crecimiento ilimitado: «Si se mantienen las tendencias actuales de crecimiento de la población mundial, industrialización, contaminación ambiental, producción de alimentos y agotamiento de los recursos, este planeta alcanzará los límites de su

---

[241] Enzensberger, Hans Magnus. *El gentil monstruo de Bruselas o Europa bajo tutela*. Editorial Anagrama. Edición Kindle (2011). Pág. 46.

[242] *Idem.* Pág. 52.

crecimiento en el curso de los próximos cien años»[243]. Transcurridos estos cincuenta años, Deanis Meadows, la persona que coordinó el documento, da por inevitable el colapso de los recursos. En una entrevista al periódico alemán *Der Spiegel*, afirmaba en 2022 que «ya hay casi mil millones de personas al borde de la inanición, y en los países industrializados a casi nadie le importa. También es una cuestión de velocidad: marca la diferencia entre el declive lento y el colapso. El fin de las energías fósiles, por ejemplo, solo se notará lentamente. Pero el cambio climático también nos golpeará duramente en los países industrializados. El pasado geológico muestra que los aumentos de temperatura no ocurren linealmente sino a pasos agigantados»[244]. Respecto a la redistribución de la riqueza y las políticas de equidad, Peter Philips reclama a las mayores fortunas que «den un paso al frente y hagan que el goteo se convierta en un río de recursos que alcance a cada niño, a cada familia, y hasta al último ser humano. Les urgimos a utilizar su poder y hacer los cambios necesarios para la supervivencia del género humano»[245].

Si bien desarrollar parte de nuestras vidas en entornos virtuales coadyuvará a la preservación de ecosistemas y riquezas del medio

---

[243] Los límites del crecimiento (eumed.net). (Última consulta: 30-11-2022).

[244] https://www-spiegel-de.translate.goog/wissenschaft/natur/grenzen-des-wachstums-interview-mit-dennis-meadows-a-870238.html?_x_tr_sl=de&_x_tr_tl=es&_x_tr_hl=es&_x_tr_pto=sc. (Última consulta: 30-11-2022).

[245] *Ibid.* Pág. 309.

natural, no paliará el consumo de recursos finitos para la fabricación de los dispositivos de un modelo tecnológico expansivo sin límites. Estos recursos abarcan un amplio listado, desde elementos comunes como el agua y la arena sílice hasta minerales de tierras raras de complicada extracción para la fabricación de circuitos integrados de última generación. Entre los primeros figuran ingentes cantidades de cobre, silicio, litio, cobalto y coltan, a los que se suman, en un segundo apartado, el lantano, cerio, praseodimio, neodimio, prometio, samario, europio, gadolinio, terbio, disprosio, holmio, erbio, tulio, iterbio y lutecio. Estos últimos se extraen en tierras raras con un proceso que crea alta contaminación con vertidos de ácido clorhídrico y sulfúrico, que inutilizan los terrenos contiguos y producen emisiones contaminantes. A esto debe sumarse el consumo de importantes cantidades de energía en los procesos de fabricación, que no es verde en su totalidad. Y la detestable utilización de mano de obra infantil en contextos míseros de países ricos en reservas estratégicas, como el Congo. Según recoge el Wilson Center: «De los 255.000 congoleños que extraen cobalto, 40.000 son niños, algunos de apenas 6 años. Gran parte del trabajo es minería informal a pequeña escala en la que los trabajadores ganan menos de 2 dólares al día, mientras utilizan sus propias herramientas, principalmente sus manos»[246]. A lo que hay que sumar una alta tasa de mortalidad de esos niños nacidos en la miseria.

---

[246] https://www.wilsoncenter.org/blog-post/drc-mining-industry-child-labor-and-formalization-small-scale-mining.

250

La producción de semiconductores avanzados evidenció desde la pandemia una limitación de unidades que afectó a todos los sectores productivos, pero en especial al automovilístico y al conjunto de la industria electrónica. Esta situación fue subsanada totalmente a mediados de 2023, pero es factible de repetirse en cualquier momento de inestabilidad mundial. Hasta ahora solo en Taiwán (TSMC) y Corea del Sur (Samsung) se diseñaban y producían microchips de última generación; con el reto tecnológico de obtener unidades de 5 nanómetros[247]. Sin embargo, TSMC construirá en Alemania la primera planta europea de microchips con el impulso explícito del ejecutivo alemán. Esto hará a Europa menos dependiente de China, Taiwán o Corea del Sur.

No debe obviarse que ASML, ubicada en los Países Bajos, es la empresa que proporciona el *software* y el *hardware* para la implantación de fábricas de semiconductores de última generación como las citadas, controlando casi el 90 % del mercado. Desde 1984, esta firma de semiconductores ha creado una tecnología, utilizando sistemas litográficos avanzados, en la que «el *hardware* se conjuga con el *software* para proporcionar un enfoque holístico para la producción masiva de patrones en silicio»[248]. Crear una de estas factorías con

---

[247] Teniendo en cuenta que un nanómetro es la mil millonésima parte de un milímetro, salta al a vista la complejidad que entraña la fabricación de semiconductores de última generación.

[248] https://www.asml.com/en/technology?icmp=navigation-homepage-link-technology. (Última consulta: 08-12-2022).

software y *hardware* de ASML llega a costes superiores a los 20.000 millones de dólares. Esta empresa protege su tecnología con gran celo, impidiendo intromisiones de China y del espionaje industrial. ASML es una baza estratégica de primer orden para Europa, habiendo desbancado a los constructores de factorías de chips estadounidenses y con anterioridad a los japoneses.

La planta de Taiwán de TSMC es la principal productora de chips de alta tecnología en el mundo y es capaz de afrontar el diseño y la fabricación de circuitos integrados de dimensiones infinitesimales. Tras la paralización de las cadenas de producción de automóviles en 2020 por la carencia de semiconductores, la UE decidió invertir cuantiosas sumas en este sector estratégico; en 2022 adjudicó 43.000 millones de euros con este fin. Taiwán es el objetivo tecnológico y político codiciado por China (República Popular China), que carece de la capacidad tecnológica en semiconductores de sus vecinos. Así, en ningún momento China ha renunciado a incorporar Taiwán a su unidad territorial en un conflicto que se remonta a poco después de la II Guerra Mundial, cuando los llamados nacionalistas (no comunistas) fueron derrotados en el continente y se hicieron fuertes en la isla, dando lugar a lo que se conoció como la China nacionalista. Esta disputa eleva periódicamente la tensión entre ambas comunidades, en un escenario estratégico de primer orden donde EE. UU. apoya sin fisuras al actual régimen semipresidenciaista de Taiwán. Esta posición política se remonta a los tiempos del antiguo dictador Chiang Kai-Shek, fallecido en 1975.

La anexión política de Taiwán otorgaría a China la primacía mundial en semiconductores y un poder tecnológico y estratégico irreductible.

En el verano de 2022, la tensión entre China y EE. UU. se elevó considerablemente por la visita de Nancy Pelosi, presidenta de la Cámara de Representantes, a Taiwán. La presencia de Pelosi en la isla hacía frente al alineamiento inicial de China con Rusia en su invasión de Ucrania. En un artículo en *The Washington Post*, la senadora demócrata argumentaba la razón de su viaje: «La solidaridad de Estados Unidos con Taiwán es hoy más importante que nunca, no solo para los 23 millones de habitantes de la isla, sino también para otros millones de oprimidos y amenazados por la República Popular China... Es esencial que Estados Unidos y nuestros aliados dejen en claro que nunca cederemos ante los autócratas»[249]. Posteriormente, China desarrolló maniobras militares intimidatorias en el espacio de Taiwán, en unos momentos en que el principal parque tecnológico chino en Zhangjiang[250] (Shanghái) se resentía por el fallido desconfinamiento provocado por la COVID-19, que alteraba aún más la producción de chips.

---

[249] https://www.washingtonpost.com/opinions/2022/08/02/nancy-pelosi-taiwan-visit-op-ed/. (Última consulta: 02-12-2022).

[250] Es el homólogo de Silicon Valley. Cobija a unas 3.500 empresas, 100.000 trabajadores y más de un centenar de institutos y empresas de investigación, desarrollo e innovación.

Un año más tarde, en 2023, la tensión decreció, y China y EE. UU. escenificaron un acercamiento simbólico con la presencia de Henry Kissinger, invitado por Pekín y considerado amigo de China. Kissinger, ya centenario, pero de sobresaliente lucidez, siempre ha creído en la necesidad de un *statu quo* colaborativo entre ambas potencias. El que fuera poderoso secretario de Estado fue el artífice de gran parte de la arquitectura política de los EE. UU. en la segunda mitad del s. XX; impulsó el restablecimiento de relaciones diplomáticas entre Norteamérica y China, en 1979, así como diversos gestos de distensión con la extinta Unión Soviética. En su pasivo figura su equívoca estrategia en Latinoamérica, en los años 70, potenciando regímenes autoritarios para hacer frente a una hipotética extensión del modelo comunista cubano en el continente.

Energía necesaria para la IA

La extensión global de la IA, teniendo en cuenta las tecnologías involucradas en su implementación, creará una profunda huella de carbono. Los *chatbots*, la realidad virtual en sus diversos desarrollos y la cadena de bloques —inherentes a las criptomonedas— incrementarán exponencialmente el consumo eléctrico y la extracción de minerales para los microchips de nueva generación. La diseminación generalizada de sensores 3D para capturar objetos del mundo real replicando todos nuestros sentidos, colosales anchos de banda con baja latencia y la generalización de las cadenas de bloques arrojarán un consumo de energía desmesurado en relación con los patrones actuales. Además, el presente parque informático y su capacidad de almacenamiento, entre otras variables, son insuficientes para este nuevo reto tecnológico: «La computación verdaderamente constante e inmersiva, a escala y accesible para miles de millones de humanos en tiempo real, requerirá aún más: un aumento de 1000 veces en la eficiencia computacional» [251].

La reconversión de las actuales redes Wi-Fi ejemplifica la escalada tecnológica que afrontamos. La próxima novedad significativa en nuestro día a día será la Wi-Fi 7, que hará posible las experiencias inmersivas —desde la realidad virtual simple al metaverso— y las transmisiones de vídeo en 8K. Esto será factible al aportar la Wi-Fi 7 mucha mayor velocidad de trasmisión de información y baja latencia con canales de 320 MHz: «Los canales de 320 MHz tienen el doble de tamaño que las anteriores generaciones de Wi-Fi, lo que es algo así como utilizar una furgoneta para transportar paquetes, comparada con un camión de mudanzas» [252]. Las interrupciones de la señal y la escasa velocidad de las conexiones domésticas serán solventadas con esta generación de enlaces Wi-Fi y sus nuevos estándares. Esto redundará en la interconexión wifi en el hogar de la totalidad de los electrodomésticos, altavoces inteligentes y cámaras de seguridad, amén de sensores en infinidad de dispositivos. Empresas como Intel,

---

[251] https://www.intel.com/content/www/us/en/newsroom/opinion/powering-metaverse.html#gs.l3isgn. (Última consulta: 21-12-2022).

[252] https://www.intel.es/content/www/es/es/products/docs/wireless/wi-fi-7.html. (Última consulta: 22-12-2022).

MediaTek, Broadcom y Qualcomm lideran la Wi-Fi 7 con productos que ya han comenzado a surtir los mercados.

Cabe insistir en el enorme volumen de datos que generará la IA, lo que implicará aumentar considerablemente la capacidad de la nube y también una mayor generación de energía eléctrica para alimentar sus superordenadores. Investigadores[253] de la Universidad de Lancaster demuestran cómo a lo largo de los últimos años la eficiencia y potencialidad de las tecnologías interactivas han generado una mayor cantidad de emisiones globales, paralelas a la mejora de la productividad y la tecnologización integral. Esto lleva a estos científicos a pedir «una coordinación sin precedentes en todo el sector en colaboración con los responsables políticos para diseñar y promulgar un plan para lograr cero emisiones netas de las TIC para 2050»[254]. Los autores de esta investigación no albergan la menor duda de que el incremento de las emisiones se mantendrá. Y se muestran convencidos de que para garantizar que las tecnologías actuales tengan un impacto realmente positivo en el medio ambiente, y enfrenten la emergencia climática, «se requiere una restricción global, como un límite de carbono en la extracción, un precio a las emisiones

---

[253] Charlotte Freitag, Mike Berners-Lee, Kelly Widdicks, Bran Knowles, Gordon S. Blair y Adrian Friday.

[254] https://www.sciencedirect.com/science/article/pii/S2666389921001884?via%3Dihub. (Última consulta: 21-12-2022).

de carbono o una restricción al consumo, para descartar rebotes en las emisiones»[255].

Otro aspecto no menos perturbador de la tecnologización electrónica estriba en la ingente cantidad de desechos que genera, hasta superar los 50 millones de toneladas. Según el Programa para el Medio Ambiente de las Naciones Unidas (PNUMA): «Una tonelada de residuos electrónicos equivale aproximadamente a 37 televisores, 135 computadoras de escritorio, 8000 teléfonos móviles y 3333 teclados»[256]. India, Pakistán, Nigeria, Ghana y la propia China, además de otros países de Centroamérica y África, cuentan con miles de hectáreas para albergar la «chatarra electrónica» y reciclarla, teniendo en cuenta que de estos dispositivos se extraen en pequeñas proporciones oro, plata y cobre. El informe Global E-Waste Monitor 2020 desveló que el mundo arrojó un récord de 53,6 millones de toneladas de residuos electrónicos en 2019, del que fue reciclado solo el 17,4 %.

El deprimido barrio de Seelampur en Delhi (India) hospeda el mayor contenedor mundial de reciclaje electrónico, que hace posible la subsistencia de sus vecinos en condiciones precarias y de alto riesgo para su salud. Quienes manipulan la «basura electrónica» corren serios riesgos, ya que su peligrosidad[257] para el ser humano es

---

[255] *Idem.*

[256] http://www.pnuma.org/images/infografia/e_waste_infog_esREV3.pdf. (Última consulta: 22-12-2022).

[257] *Idem.*

257

extremadamente alta por sus componentes tóxicos, y afecta a diversos órganos y partes de su cuerpo.

Alargar la vida de los dispositivos electrónicos —reacondicionarlos en la medida de lo posible— y mantener precauciones esenciales cuando se proceda a desensamblarlos son requisitos básicos, junto con su depósito en redes de reciclaje habilitadas adecuadamente. Tomando en consideración los precarios e inseguros procedimientos para su desguace y los exiguos beneficios para quienes lo llevan a cabo en su primera fase, cabría establecer un modelo de negocio más justo. Esta condición debería favorecer a las poblaciones utilizadas como mano de obra que se encuentran por debajo del umbral de la pobreza. Y, en un marco global, habría que fomentar un tipo de economía circular entorno al consumo abrumador de dispositivos electrónicos. Para ello, la «obsolescencia programada» debería ser abolida con normativas de alcance general. El calentamiento global generado por el reciclaje incorrecto y los desechos electrónicos eleva a cientos de millones las toneladas de CO2. La extensión de la IA y de aplicaciones imbricadas en los mundos virtuales multiplicará las montañas de basura electrónica y las emisiones de dióxido de carbono, salvo que se acometa una «tecnologización responsable».

La prodigiosa y lejana fusión nuclear

Crear energía a gran escala sin liberar carbono ha sido uno de los objetivos más ambiciosos de la ciencia, que ahora parece tangible con la fusión nuclear, aunque en un dilatado espacio de tiempo por la complejidad del proceso. Entre tanto, las energías eólica y fotovoltaica, antes de la próxima década, generarán el 20 % de electricidad en el mundo. Esta última es la de mayor rendimiento, mientras que la eólica continuará su alza extendiendo sus instalaciones en el mar. China concentra el crecimiento mundial de energías renovables con «un objetivo para 2030 de 1200 GW de capacidad total de energía eólica y solar fotovoltaica, con cinco años de anticipación»[258].

El biometano o gas verde, producido por la fermentación de materia orgánica, es asequible técnicamente, y tiene la propiedad de generar hidrógeno verde. Por otro lado, los sumideros de carbono —lo son de forma natural los bosques y sus suelos— se muestran esenciales para limitar las emisiones contaminantes y frenar el calentamiento del planeta. Uno de los problemas añadidos es que los bosques cada vez están más deteriorados: «Entre 2000 y 2009, las emisiones anuales de gases de efecto invernadero de las tierras degradadas representaron hasta 4,4 millones de toneladas de emisiones de dióxido de carbono (CO2); en comparación, se consideró que las emisiones mundiales de CO2 relacionadas con la energía alcanzaron su nivel más alto en 2021 con 36,3 millones de toneladas»[259].

---

[258] https://www.iea.org/reports/renewables-2022/executive-summary. (Última consulta: 14-08-2023).

[259] Tierra: el sumidero de carbono del planeta | Organización de las Naciones Unidas. (Última consulta: 14-08-2023).

Los investigadores del Laboratorio National Lawrence de California presentaron, en diciembre de 2022, un logro trascendental: una reacción nuclear por fusión con una ganancia neta de energía por primera vez en la historia. La fusión tiene lugar de forma constante en el Sol o en cualquier otra estrella, originando el brillo y la energía calórica que emiten. Se produce cuando en temperaturas extremas los átomos son impelidos a unirse; al materializarse esta unión (fusión), se generan colosales cantidades de energía, creando así átomos más pesados. En los experimentos de laboratorio se requieren temperaturas de 150 millones de grados Celsius o centígrados —es decir, 10 veces superiores a la temperatura del núcleo del Sol— para verificar el proceso. Entre otros requisitos —según el tipo de fusión—, son necesarios imanes superpotentes —tokamak— para contener el plasma, que es el gas liberado a temperaturas de varios millones de grados.

Hasta ahora se habían realizado infinidad de estudios y ensayos para alcanzar una reacción atómica de fusión, pero fueron infructuosos. En estos experimentos la energía obtenida era siempre inferior a la utilizada para generarla. Sin embargo, en la primera semana de diciembre, cientos de rayos láser gigantes, en billonésimas de segundo con un potencial de «2,05 megajulios de energía, aproximadamente el equivalente a una libra de TNT, bombardearon una bolita de hidrógeno. Salió una avalancha de partículas de neutrones, el producto de la fusión, que transportaba alrededor de 3 megajulios de energía, un factor de 1,5 en la ganancia de energía»[260]. Así se logró superar el umbral que los científicos denominan «ignición», el objetivo que en 1997 fundamentó una altísima inversión de casi cuatro mil millones de dólares en la construcción, en EE. UU., de la Instalación Nacional de Ignición. A lo largo de los últimos años, diversos experimentos habían sido un fracaso hasta el reseñado a finales de 2022.

Brian Spears, junto con su esposa, Rebecca Dylla-Spears, lideran el proyecto de fusión nuclear en el Laboratorio Nacional de Ignición (INF) Lawrence Livermore de California. Según Spears, «para proporcionar energía en el sistema eléctrico necesitas hacer lo mismo (la ignición) muchas veces por segundo. Nuestro experimento ha requerido de equipos de personas alineando los láseres que se utilizan para la fusión y las dianas de hidrógeno en un espacio de una centésima de la anchura de un cabello, haciéndolo durante meses»[261]. En agosto de 2023, volvió a realizarse el experimento con resultados aún más satisfactorios, incrementando su rendimiento energético.

Se da la circunstancia de que este tipo de tecnología es la que establece el funcionamiento de las bombas termonucleares, y siempre, en los planes de EE. UU., se ha tenido en cuenta esta prioridad para mantener la primacía atómica con ingenios cada vez

---

[260] *Idem.*

[261] Brian Spears, el científico de la fusión nuclear: «La ignición que conseguimos es comparable al primer vuelo de los hermanos Wright» (abc.es). (Última consulta: 19-12-2022).

más destructivos. No obstante, en un planeta que precisa ser descarbonizado para alargar su supervivencia, con la necesidad apremiante de fuentes de energía no contaminante, la fusión es una de las alternativas más pretendidas junto con la del hidrógeno verde, la energía eólica y la fotovoltaica. Las centrales de fisión nuclear han visto ampliada su vida útil debido a la crisis energética, pese a las cautelas que generan y la dificultad para deshacerse de sus residuos, problemas que son superados por la fusión.

El reactor termonuclear experimental internacional (ITER), con destacada participación europea, constituye uno de los proyectos de ingeniería más complejos de la historia, que culminará con la construcción de un reactor gigante de 23.000 toneladas, lo que permitirá experimentos relevantes para la consecución de avances en la fusión nuclear. El acuerdo fundacional del ITER fue suscrito en 2006 por parte de siete socios: la Unión Europea, India, Japón, Corea del Sur, Rusia y EE. UU. Cada uno de ellos dispone de un organismo que gestiona su participación en el proyecto. El de la UE se denomina Fusion for Energy y se ubica en Barcelona. Por las razones citadas en el párrafo anterior, la presencia subsidiaria de potencias rivales en el ITER, lamentablemente, no suele ser un estímulo para la colaboración y sí para la utilización en provecho propio.

El ITER y el Laboratorio Nacional de Ignición (INF) Lawrence Livermore de California enfocan su experimentación sobre la fusión a partir de dos principios físicos distintos: un confinamiento de la ignición inercial para el INF de California, utilizando rayos láser para el calentamiento,

Los recursos del planeta y la hipertecnologización

y «en confinamiento magnético» para el ITER, mediante campos magnéticos de fuerzas —sistema tokamak— que alojan el plasma para calentarlo a altísimas temperaturas hasta la obtención de la fusión atómica. Todos estos procesos requieren una alta secuencia de repetición para, en la etapa final, conseguir energía eléctrica.

Granada alberga el Laboratorio Nacional de Fusión del CIEMAT, donde opera el TJ-II, un reactor experimental de fusión por confinamiento magnético. El equipo del TJ-II colabora desde hace algunos años con su homólogo del Wendelstein 7X, perteneciente al Instituto Max-Planck para Física del Plasma de Alemania. Es probable que se logre la fusión nuclear en un grado que haga posible la producción de electricidad, su comercialización y la sustitución de fuentes contaminantes ligadas a la generación convencional de energía eléctrica. Empero, será a medio-largo plazo cuando la tecnología permita replicarla y comercializar la energía que produzca. Entretanto, la emergencia climática mantiene el reto de una descarbonización ineludible.

CAPÍTULO 6
CON LA MIRADA EN OTROS MUNDOS

La galaxia Musk y los universos de Zuckerberg

Antes hemos hablado de los peligros existenciales de nuestro mundo y de quienes lo habitamos, que escapan a las tecnologías de los magnates corporativos. Estos, amparados en sus fortunas, pugnan ahora por una salvación individual y única. El cambio climático, las desigualdades sociales perpetuas y la extinción del planeta han pasado a ser para ellos algo contingente y, hasta cierto punto, irrelevante. Habilitar enclaves idílicos en la Tierra, colonizar otros planetas, explorar sistemas solares intergalácticos, conseguir prolongar la vida más allá de sus umbrales físicos o anclarla en el metaverso anida en su credo salvador. Se trata de una actitud que hace girar sus estrategias empresariales y sus vidas en torno a proyectos tecnológicos alejados de nuestra realidad material. Para el ensayista y profesor de la Universidad de Nueva York, Douglas Rushkoff, «estas personas alguna vez bañaron al mundo con planes de negocios locamente optimistas sobre cómo la tecnología podría beneficiar a la sociedad humana. Ahora han reducido el progreso tecnológico a un videojuego en el que uno de ellos gana al encontrar la escotilla de escape. ¿Será Jeff Bezos migrando al espacio, Thiel a su

265

complejo de Nueva Zelanda o Mark Zuckerberg a su metaverso virtual?»[262].

Flannery Associates, sociedad participada por conspicuos multimillonarios del sector tecnológico, había adquirido hasta agosto de 2023, en el Área de la Bahía de San Francisco, más de 400 fincas por valor de 800 millones de dólares. En estas tierras prevén construir la ciudad del futuro, pero solo para acaudalados, gobernada por IA, exenta de pobreza y marginación; el reverso de enclaves estadounidenses abrumados por las desigualdades, la penuria y drogas de diseño como el fentanilo. El expediente de compra de parcelas se inició en 2018, y fue *The New York Times* quien desveló, en el verano de 2023, esta operación rodeada de hermetismo.

Lo que empezó siendo una carrera entre superpotencias durante la guerra fría para conquistar la Luna y alzarse con la hegemonía en la exploración del espacio interestelar, hoy incorpora a otros actores. Elon Musk (SpaceX) y Jack Bezos (Blue Origin) representan una apuesta empresarial entre potentados tecnológicos, que encabeza el primero de ellos con sustancial ventaja. Ambos parten del convencimiento de que el futuro de la Tierra está en otros planetas, por ahora del sistema solar, que deberán ser colonizados cuando la vida en la Tierra inicie su ciclo final. La Luna como parada intermedia a Marte,

---

[262] https://www.theguardian.com/news/2022/sep/04/super-rich-prepper-bunkers-apocalypse-survival-richest-rushkoff. (Última consulta: 28-12-2022).

convertida en una gran base logística interespacial, es paso previo para explorar más allá de los confines de nuestro sistema solar.

La Luna podría alojar hielo en los cráteres de su casquete sur, que serviría para obtener agua potable, combustible y oxígeno, a lo que se añadiría la búsqueda de minerales codiciados. Hasta agosto de 2023, ningún país había conseguido posar una nave en el polo sur lunar, una zona de alunizaje complejo. Rusia lo intentó ese mismo mes con un sonoro fracaso, viéndose superada por India, que pocos días después lo logró con éxito. El país más poblado de la Tierra obtuvo una gran victoria con un proyecto de coste reducido, apuntalando su inclusión en el club de potencias espaciales. Aunque no deja de ser significativo que, mientras India llega al polo sur lunar, algunas de sus aldeas no tienen todavía suministro eléctrico; algo que no debe oscurecer la progresiva reducción de la pobreza, un 15 % entre 2008 y 2023. Mientras, EE. UU. prevé volver a situar en 2025 una nave tripulada en suelo lunar, esta vez con una cosmonauta. El fiasco de la nave rusa fue duramente enjuiciado por Serguéi Markov, analista y consejero de Putin, según recogía la agencia Associated Press: «Plantea dudas sobre las afirmaciones de Rusia de ser una gran potencia a los ojos de la comunidad global. Muchos decidirían que Rusia no puede cumplir sus ambiciones ni en Ucrania ni en la Luna porque no vive de su modesta capacidad actual sino de fantasías sobre su gran pasado»[263].

---

[263] https://apnews.com/article/russia-moon-luna25-spacecraft-mission-33c9884c907998f06bf9562be6d47445. (Última consulta: 25-08-2023).

La concesión de la NASA a Space X de un contrato para diseñar el módulo que llevará de nuevo a tripulantes estadounidenses a la Luna desató las hostilidades entre Musk y Bezos. Los propietarios de Twitter y Amazon, respectivamente, solo tienen en común la voluntad de ser los más ricos y poderosos del planeta. Ambos protagonizaron también sendas disputas por la concesión de una plataforma de lanzamiento en el Centro Espacial Kennedy y la titularidad de una patente sobre el aterrizaje de cohetes, así como por la cobertura satelital de internet, en la que Musk ha logrado una notoria ventaja con Starlink. EE. UU. es uno de sus principales clientes, junto con otros países como Japón y también España a través de Telefónica. En definitiva, la pugna entre estos dos multimillonarios parece sustituir a la contumaz rivalidad entre potencias: «Las empresas han tomado el lugar de las naciones en la batalla por la primacía espacial. SpaceX, Amazon y Blue Origin están retomando los roles de los Estados Unidos y la Unión Soviética en los albores de la era espacial»[264].

Sin embargo, Musk y Bezos no están solos; en julio de 2022, dos nuevas compañías dieron a conocer sus planes conjuntos para el aterrizaje de un módulo espacial en Marte en 2024. Relativity Space e Impulse Space se conjuraron para transportar al planeta rojo *«cargas útiles para clientes gubernamentales y comerciales, brindando servicios similares a los de las compañías que*

---

[264] https://www.washingtonpost.com/technology/2021/09/10/musk-bezos-space-rivalry/. (Última consulta: 28-12-2022).

desarrollan módulos de aterrizajes lunares»[265]. Dichas empresas no ofrecieron una cuantía estimada de este viaje espacial, pero subrayaron que sería notoriamente inferior a otras misiones anteriores financiadas con capital público. Un año más tarde, el proyecto se dilató por lo menos hasta 2026. Esta iniciativa fue recibida con indiferencia por Musk y Bezos. Solo EE. UU. y China han logrado posar con éxito en Marte una nave espacial. EE. UU lo logró con Viking (1976) y Perseverance (2021), y China con Tianwen-1 (2021).

Elon Musk, más apegado al transhumanismo que su rival, tiene en William MacAskill y su «largoplacismo» al ideólogo de cabecera. MacAskill considera que la extinción del ser humano, sea completa o parcial, es irreversible a largo plazo. Esto le hace conceptuar por igual a seres humanos y a «seres digitales», considerando que la prioridad moral es garantizar, indistintamente, el futuro de ambos. Para MacAskill, el principal problema de la humanidad radica en una IA vengadora y destructiva, en paralelo al descontrol de 9000 cabezas nucleares, y los patógenos mutantes, ya sea por procesos pandémicos, aleatorios o creados por humanos en un laboratorio. Entre las amenazas para el ser humano, este pensador no obvia el cambio climático, pero lo asume como algo indefectible, que con mayor o menor ritmo acabará afectando al planeta y motivando una diáspora interplanetaria. De todo ello deriva la necesidad de

---

[265] https://spacenews.com/impulse-and-relativity-announce- proposal-for-joint-mars-landing-mission/. (Última consulta: 28-12-2022).

seguir creciendo e invirtiendo en tecnología —una visión compartida, entre otros, por Musk y Zuckerberg—.

MacAskill parte del ideario del transhumanista Nick Bostrom, para quien «las máquinas tienen una serie de ventajas fundamentales que les darán una superioridad abrumadora. Los humanos biológicos, aun mejorados, serán superados»[266]. Los seres humanos tendemos a proponer objetivos morales que están muy por encima de nuestra capacidad real de llevarlos a término; aun así, son los que permiten a la humanidad prevalecer. En este sentido, pero en lo que respecta a la IA, Bostrom cree que será necesario educar en valores humanos a las máquinas inteligentes; de lo contrario, nos acercaríamos al final de nuestros días: «Si alguna vez llegara a existir una superinteligencia poco amistosa, nos impediría sustituirla o cambiar sus preferencias. Nuestro destino estaría sellado»[267]. Nick Bostrom también otorga a una superinteligencia la probable capacidad de interesarse por el cosmos y planificar acciones para su conocimiento y colonización, siguiendo el autoaprendizaje propio de la IA: «Aunque los objetivos finales de una superinteligencia solamente estén centrados en lo que pase dentro de algún pequeño volumen particular de espacio, como el espacio ocupado por su planeta de

---

[266] Bostrom, Nick. *Superinteligencia*. Teell Editorial, S. L. Edición Kindle (2016). Pág. 52.

[267] *Ibid.* pág. XI.

270

origen, todavía tendría razones instrumentales para cosechar los recursos del cosmos lejano»[268].

En 2013, Zuckerberg planeaba poner en la órbita terrestre un satélite de comunicaciones, básicamente dedicado a dar cobertura de internet en banda ancha a cualquier lugar del planeta. Las grandes líneas del proyecto *Internet.org* figuraban en un libreto de diez páginas que él había escrito en su iPhone y luego compartido en Facebook. Los ingenieros de Zuckerberg firmaban este proyecto con especificaciones superiores al Starlink de Musk, afirmando que transmitiría datos a una velocidad diez veces superior a lo que ofrecía la red satelital de Musk. Pero los planes de Zuckerberg —como los de Richard Branson de Virgin con OneWen— han quedado eclipsados por la cadena de satélites Starlink de Musk. El dominio de las comunicaciones mundiales en banda ancha a través de Starlink es visto con preocupación por el poder que otorga a Musk. Telefónica mantiene una alianza comercial con Starlink para complementar su oferta, facilitando a empresas el acceso a internet a través de esta red satelital. La operación desplegada por Telefónica Global Solutions, primero en diversos países de América del Sur, alcanzará también al sector empresarial en España.

Las premisas de la iniciativa de Zuckerberg cabía calificarlas de altruistas, partiendo del derecho a un servicio de conexión gratuita a internet, y fueron explicitadas personalmente en diversos países

---

[268] *Ibid.* Pág. 114.

y foros internacionales: «Durante tres años, Zuckerberg incluyó a Internet.org entre sus principales prioridades, invirtiendo recursos, publicidad y gran parte de su tiempo en el proyecto. Viajó a India y África para promocionar la iniciativa y habló de ella en el Mobile World Congress de Barcelona dos años seguidos»[269]. También lo hizo de forma trascendente en la Asamblea General de las Naciones Unidas defendiendo sin rodeos que el acceso universal a internet pasaba a ser un derecho humano básico. En el segundo viaje a Barcelona de Mark Zuckerberg para asistir al Mobile World Congress, las críticas de los operadores arreciaron sobre una iniciativa que socavaba —según manifestaban— sus modelos de negocio. Mark Zuckerberg pospuso finalmente el proyecto y orientó sus negocios hacia el metaverso con la refundación de Facebook en Meta.

El metaverso, para Zuckerberg, no deja de ser una puerta de conexión con el transhumanismo e incluso el escenario primigenio de «vidas» superpuestas entre humanos y máquinas en una hibridación que apunta hacia la exploración del cosmos. El metaverso se erige como un recurso formidable para colonizar el espacio más allá de nuestra galaxia. Nuestro avatar puede ser descompuesto en partículas y viajar a la velocidad de la luz, y quizá atravesar corredores cuánticos que nos

---

[269] https://www.wired.com/story/what-happened-to-facebooks-grand-plan-to-wire-the-world/. (Última consulta: 30-12-2022).

desplacen en el tiempo, emulando relatos de ficción inverosímiles según nuestro concepto de realidad.

La teoría de cuerdas y los universos paralelos

En el espacio formal de separación entre la física clásica y la física relativista o subatómica es necesario distinguir en esta última las partículas que forman todo aquello que nos rodea, tanto materia orgánica —organismos vivos— como inorgánica —elementos químicos y minerales—. Entre estas partículas debemos diferenciar las elementales de las compuestas. Es en el estudio de las partículas compuestas a partir de los enunciados de Einstein y de Max Planck (principios cuánticos), a lo largo de un dilatado período del siglo pasado y el actual, donde han tenido lugar hallazgos clave para nuestra comprensión de la materia y el universo. Las partículas compuestas integran a cuarks, neutrinos, bosones y mesones en uno de los campos de investigación al que más recursos se destinan con aceleradores de partículas, superordenadores y experimentos como en el que se ha logrado la primera fusión nuclear en laboratorio. Todas estas investigaciones abren expectativas fascinantes sobre el origen del universo o los universos y acerca de nuestra propia naturaleza y existencia.

Así, desde la formulación de la física relativista de Einstein hasta el presente, la humanidad ha avanzado dando un paso de gigante al adentrase de lleno en la física cuántica. Cabe insistir en que Einstein relativizó velocidad, espacio y tiempo, atendiendo al campo específico gravitacional que les afecta; lo que para Newton, ya desde Galileo, eran magnitudes proporcionales constantes, experimentadas en el campo gravitacional de la Tierra. En definitiva, lo que acontecía en nuestro planeta estaba incondicionalmente relacionado con su campo gravitatorio en el que un objeto en caída libre recorre 9,81 metros al cuadrado por segundo (no confundir con metros cuadrados). Es todo lo contrario de lo que sucede en el espacio exterior interestelar, en el que campos gravitacionales de magnitudes excepcionales —agujeros negros— producen una modificación del espacio y el tiempo ajena a cuanto vivimos u observamos en nuestro quehacer diario en la Tierra: «Un agujero negro es un lugar en el espacio donde la gravedad [tiene tal poder de atracción] que ni siquiera la luz puede salir. La gravedad es tan fuerte porque la materia ha sido comprimida en un espacio diminuto… como la luz no puede salir, la gente no puede ver los agujeros negros»[270].

Teniendo en cuenta los conceptos anteriores y el comportamiento de los agujeros negros, físicos destacados han teorizado sobre la posibilidad de que nuestro universo pudiera ser descrito como un holograma. La pregunta básica es cómo nuestro mundo tridimensional —vivencial y perceptivo— en realidad tendría solo dos dimensiones. Esto guarda relación con los fundamentos de un holograma, que es «una proyección de ondas de luz de una superficie bidimensional que interfieren entre sí para crear una imagen tridimensional»[271]. Este

---

[270] https://www.nasa.gov/audience/forstudents/k-4/stories/nasa-knows/what-is-a-black-hole-k4.html. (Última consulta: 03-01-2023).
[271] *Idem.* Posc. 29.

274

sería el principio holográfico aplicable a nuestro mundo, sirviéndonos del símil de una pantalla de televisor o *smartphone* que, a pesar de ser plana, nos ofrece las imágenes con profundidad, aun con la salvedad de los mecanismos cerebrales que construyen y delimitan nuestra percepción. No obstante, no existe una evidencia manifiesta de que nuestro universo sea bidimensional, pero los cálculos matemáticos teóricos no lo descartan.

La relación de los agujeros negros con los hologramas fue descrita en los años 90 por el físico teórico del centro universitario de Stanford, Leonard Susskind, y el profesor de física teórica de la Universidad de Utrecht, Gerard't Hooft, premio Nobel de Física en 1999, en su profundización sobre la teoría cuántica. Ambos concluyeron que «cuando un objeto es arrastrado hacia un agujero negro, deja una especie de huella 2D codificada en el horizonte de eventos. Más tarde, cuando la radiación sale del agujero negro, recoge la huella de esos datos. De esta manera, la información no se destruye realmente»[272].

El físico argentino Juan Maldacena, en 1998, realizó una convincente demostración acerca de que un determinado universo podía consistir en realidad en un holograma: «Su universo hipotético particular estaba en lo que se llama espacio anti-de Sitter[273], que tiene una forma curva en grandes distancias, a diferencia de nuestro universo,

---

[272] https://www.vox.com/2015/6/29/8847863/holographic-principle-universe-theory-physics. (Última consulta: 03-01-2023).

[273] El espacio-tiempo de Sitter (dS) y Anti de Sitter (AdS) son aportaciones de las ecuaciones de campo de Einstein en ausencia de materia.

que se cree que es plano»[274]. La demostración de este universo de dos dimensiones condujo a Maldacena a establecer una relación entre la teoría de cuerdas y las leyes de la física de partículas o teoría cuántica. Así, los componentes básicos del universo serían cuerdas unidimensionales. La teoría de cuerdas o la teoría del todo se centra en «explicar los aspectos microscópicos fundamentales de toda la realidad, desde las cuatro fuerzas que gobiernan el Universo —la gravedad, la fuerza débil, el electromagnetismo y la fuerza fuerte— hasta los componentes básicos de toda la materia»[275]. La fuerza débil o interacción nuclear débil es responsable de la descomposición de las partículas. Permite el cambio de naturaleza de las partículas por determinadas interacciones entre ellas. Es fundamental en el proceso de fusión nuclear. La fuerza fuerte o interacción nuclear fuerte es la más poderosa de las cuatro fuerzas fundamentales de la naturaleza. Es miles de billones más fuerte que la fuerza de la gravedad terrestre. Todas ellas se explican mediante el modelo estándar que sigue la física de partículas, pero no es aplicable a la atracción gravitatoria de la materia oscura. La gran tarea pendiente es la unificación de estas cuatro fuerzas y poder ofrecer una explicación sobre la materia oscura.

[274] *Idem.*

[275] https://www.space.com/four-fundamental-forces.html. (Última consulta: 03-01-2023).

A modo de síntesis, el resultado sería una teoría unificadora de lo macroscópico con lo microscópico: la relatividad general de Einstein y la mecánica cuántica. Esta unificación la persiguió infructuosamente el gran sabio alemán hasta los últimos días de su vida. Pero la complejidad aumenta cuando un grupo de cualificados científicos, al frente del acelerador de partículas Fermilab (EE. UU.), creen haber encontrado una nueva partícula subatómica, muón, que «podría ser la primera evidencia confirmada de una quinta fuerza, o algo más extraño y más allá del modelo estándar... Estaremos seguros de que hay algo nuevo y emocionante, pero no estaremos seguros de qué es exactamente»[276].

El Dr. Michio Kaku, profesor de Física de la Universidad de Nueva York, abordaba en un artículo en el *New York Times* si nuestra realidad es solo una de un multiverso. Kaku apunta que «de la misma manera que la teoría cuántica nos obliga a introducir múltiples electrones simultáneamente, aplicar esa teoría a todo el universo nos obliga a introducir múltiples universos, un multiverso de universos»[277]. La propia corriente eléctrica que alimenta nuestros dispositivos y sus componentes internos no deja de ser un fluido de electrones de diversa intensidad y potencial mientras el interruptor está activado. Según la teoría de la relatividad de Einstein, el universo (un solo

---

[276] *https://www.theguardian.com/science/2023/aug/11/scientists-fifth-force-nature*. (Última consulta: 14-08-2023).
[277] https://www.nytimes.com/2022/06/20/special-series/michio-kaku-multiverse-reality.html. (Última consulta: 03-01-2022).

universo) es una burbuja en expansión desde hace más de 13.800 millones de años a partir del Big Bang. Sin embargo, para la teoría cuántica se trataría de muchas burbujas en expansión: «Un baño de burbujas de universos paralelos, que constantemente se dividen en dos o chocan con otras burbujas. En este escenario, un Big Bang podría ocurrir perpetuamente en regiones distantes, representando la colisión o fusión de estos universos de burbujas»[278]. En la búsqueda de la teoría del todo, la teoría de cuerdas ocupa un lugar central y el multiverso se presenta como el elemento clave para avanzar en su desarrollo.

El Dr. Michio Kaku es uno de los principales investigadores en esta área de conocimiento y acreedor de una de las definiciones más divulgadas, pero no la única, sobre la teoría de cuerdas: «Las partículas subatómicas son solo notas diferentes en una cuerda diminuta que vibra, lo que explica por qué tenemos tantas. Cada vibración de cuerda, o resonancia, corresponde a una partícula distinta. Las armonías de la cuerda corresponden a las leyes de la física. Las melodías de la cuerda explican la química»[279]. Kaku también se interroga, siguiendo el desarrollo de su teoría de cuerdas, sobre las múltiples alternativas que son posibles a lo largo de nuestras vidas e incluso sobre la posibilidad de cambiar de alguna forma episodios no deseados de nuestro pasado. Y concluye, con esta frase de Albert

---

[278] *Idem.*
[279] *Idem.*

Einstein, asegurando que «la distinción entre el pasado, el presente y el futuro es solo una ilusión obstinadamente persistente».

CAPÍTULO 7
EL BIT EMANCIPADOR

La revolución que no existió

En la crítica frontal al modelo liberal norteamericano de los años 60 y al *statu quo* de los medios de comunicación sobresale con nombre propio el polifacético, contradictorio y violento[280] —pero brillantísimo intelectual— William Burroughs. Enclavado en la generación beat, nieto del inventor de la máquina de sumar y emparentado con el mítico general sudista Robert E. Lee, Burroughs creció en un ambiente familiar de opulencia económica que, lejos de aclimatar su pensamiento político, lo radicalizó en extremo. Burroughs se propuso deconstruir la sociedad y el tipo de vida norteamericana, fundamentadas en el *american dream* y el consumismo. Este «disidente» norteamericano escribió decenas de novelas y artículos, participó en una veintena de películas y realizó para la radio diversos trabajos. Fue uno de los padres del activismo contracultural y creyó que los avances de la electrónica, que alcanzaban en aquel momento su cénit, en la década de los sesenta, harían posible la revolución social en los países desarrollados. En su obra *La Revolución Electrónica*

---

[280] Burroughs fue un delincuente juvenil y, en su madurez, fue un adicto a la heroína y a la morfina. Homicida confeso de su esposa Joan Vollmer, musa de la generación beat, de forma involuntaria, según declaró.

(1970), Burroughs despliega un análisis clarividente de los medios y, aunque sus «métodos revolucionarios» hoy puedan parecernos ilusorios, nos brindan una profundidad crítica extrapolable al actual ecosistema digital.

En la historia de la humanidad, nunca se había generado como en el presente tanta palabra y tanto texto escrito, amén de un ingente volumen de contenidos audiovisuales. Todos ellos con estructuras discursivas y recursos expresivos altamente homogeneizadores. En este escenario alcanza pertinencia el aserto de Burroughs acerca de que «la palabra escrita es un virus», pero no lo es intrínsecamente, sino funcionalmente. Porque, como afirma Roland Barthes, «si verdaderamente la escritura es neutra, si el lenguaje, en vez de ser un acto molesto e indomable, alcanza el estado de una ecuación pura sin más espesor que un álgebra frente el hueco del hombre, entonces la literatura esta vencida»[281]. William Burroughs, en tanto que intelectual y activista, opta por proponer unos medios que operen fuera de los límites del sistema como «la única manera de contrarrestar un poder creciente y las técnicas más sofisticadas usadas por los medios masivos del *establishment*»[282]. Burroughs incorpora de inmediato los medios electrónicos como vector de acción revolucionaria, neutralizadores por su inmediatez de la prensa escrita

---

[281] Barthes, Roland. *El grado cero de la escritura*. Siglo XXI Editores (1997). Pág. 20.

[282] Burroughs, William S. *La Revolución Electrónica*. Caja Negra Editora (Buenos Aires, 2013). Pág. 44.

y esenciales para subvertir los contenidos audiovisuales de formato convencional.

El autor de *La Revolución Electrónica* adopta procedimientos del montaje sonoro y audiovisual —el equivalente actual a la edición digital de contenidos audiovisuales— como método para subvertir los medios del *establishment*. Burroughs denomina a su procedimiento *cut-up* y, como muestra, cita el siguiente ejemplo: «Imaginen que el discurso es grabado en una cinta magnética que se corta en piezas de 0,02 centímetros de largo y las piezas se reordenan en una nueva secuencia. Esto puede hacerse realmente y da una buena idea de cómo suena un discurso cuando es decodificado de esa forma»[283].

Según Burroughs, la codificación de la realidad social, política, económica... por parte de los medios que controla el *establishment* es una herramienta para modelar el pensamiento de los ciudadanos a escala masiva. Es una forma de inocular el virus —en el que insiste Burroughs— en el individuo que le «obliga a hacer algo contra su voluntad». De ahí, la necesidad de comunicar lo que sucede, realizando codificaciones sui géneris, diferentes e incluso arbitrarias. Todo ello sin renunciar a crear nuevos tipos discursivos alternativos. Cuando las ciencias cognitivas se encuentran aún en un estado embrionario, Burroughs ya se preocupa a finales de los años 60 por lo que llama «mente reactiva» que, según él, puede activarse con

---

[283] *Idem.*

283

«equipos electrónicos modernos» para subvertir el estatus de los medios.

Transcurridos poco más de cincuenta años, la fe de Burroughs en las tecnologías electrónicas avanzadas como herramientas liberadoras fue errada, pero no lo era en su momento. Las regulaciones restrictivas para poder crear medios audiovisuales, la prohibición de utilizar terminales domésticos para interactuar libremente y el limitado acceso de la ciudadanía a los medios establecidos conformaban un escenario antitético respecto al actual. Sin embargo, en *La Revolución Electrónica* Burroughs manifiesta una premonición que no parece inverosímil a tenor de la dinámica que marca el desarrollo de la tecnología actual: «Las tecnologías cada vez más eficientes producen más y más armas de destrucción masiva... Podría terminar el juego destruyendo a todos los jugadores»[284].

Entre los grandes damnificados por el tsunami tecnológico que vivimos se encuentran los periódicos de papel que, como ya hemos destacado, languidecen imparablemente. Sus constantes vitales en una fase crítica son mantenidas por el fervor y el trabajo encomiable de periodistas vocacionales. Muchos de ellos en la prensa local con un esfuerzo titánico, que ven recompensado con la sola impresión de las portadas de cada edición. Sin robots o *chatbots* escribientes de noticias, sus redacciones destilan vocación e integridad. Pero, paulatinamente, desaparecerán de forma análoga a lo que está

---

[284] Íbid. Pág. 79.

284

ocurriendo con los quioscos de venta de periódicos y revistas. Si la IA y los asistentes digitales domésticos y de empresa nos proporcionan ya todo tipo de información, contenidos interactivos y servicios, ¿qué sentido tiene el periodismo genuino y sus publicaciones, que algunos consideran reliquias? Quienes así piensan obvian que estas «maravillosas máquinas» están hurgando en nuestra vida, abduciendo con complicidad y fruición nuestra existencia.

Asimismo, comienzan a resultarnos familiares y convivenciales los primeros robots inteligentes que nos ofrecen una variada gama de servicios. En el histórico restaurante 7 Portes de Barcelona opera Seven, con aceptación total de los clientes y satisfacción indisimulada de la propiedad. Seven traslada hasta 14 platos a la vez, en carreras precisas desde la cocina a las mesas de los comensales. Además, está «humanizado»: cuando se cruza o interrumpe el paso de un cliente le pide disculpas y sonríe. En 7 Portes prestan sus servicios por ahora más de 100 trabajadores, que elaboran cerca de 500 platos diarios. A Seven, «congéneres» como él lo emulan en otros restaurantes, al igual que en este histórico lugar de comidas del Pla de Palau de Barcelona.

No obstante los reiterados contratiempos de Musk en la comercialización de su prometido automóvil Tesla sin conductor, la progresiva formación de un parque móvil eléctrico, con un alto grado de automatización hasta ser autónomo, será una realidad que paulatinamente cambiará nuestras ciudades. Ya circula en EE. UU. el robotaxi eléctrico sin volante Waymo, empresa de la matriz de Google que ha hecho realidad un proyecto de 2009. En octubre de 2020, Chandler (EE. UU.), un enclave de 280.000 habitantes, se convirtió en la primera ciudad con un servicio regular de transporte autónomo, Waymo One, sin conductores. Además, en la transición del coche de combustión al eléctrico, no solo estará Tesla o Google (Waymo), sino también las marcas más destacadas de la automoción, como Audi-Volkswagen, Ford, Renault, Toyota o Kia. Dotado de una infinidad de sensores, cámaras y un sofisticado GPS, el coche autónomo analiza en tiempo real miles de datos en milésimas de segundo a una velocidad que puede superar el procesamiento cerebral. Pero el riesgo cero de accidente no existe y, de producirse, ¿cómo se determinan las responsabilidades? Lo cierto es que, en la práctica, estas responsabilidades se diluyen entre programadores, diseñadores y fabricantes, sin obviar las del otro vehículo y el estado de la carretera; una premisa ante cualquier demanda de responsabilidad cibernética en nuestra coexistencia con un ingente número de dispositivos.

Nimbo es un robot de vigilancia susceptible de sustituir a agentes de seguridad, que explora y patrulla espacios escrutando cuanto sucede. Tiene incorporado un completo sistema de videovigilancia con un extenso catálogo de alertas. Es ideal para centros comerciales y otras grandes superficies.

Moley es el primer sistema de cocina robótica. Conoce innumerables recetas, condimenta menús, limpia platos y utensilios y mantiene ordenado el espacio. Testea las existencias y es capaz de cursar pedidos y hasta comparar precios optando por los más competitivos.

Nomagic es más que un auxiliar de almacén. Ordena y coloca cualquier tipo de artículo en cajas y habitáculos de acuerdo con una pauta establecida. Para ello, analiza la forma, el peso e incluso defectos de fabricación o deterioro de las unidades.

Siti Monitoring supervisa el proceso de construcción de un edificio, ejerciendo controles de calidad, de utilización de materiales y de reposición, monitoreando cada fase. En determinadas circunstancias puede sustituir a los responsables de la obra.

Promobot convive en la plantilla de una empresa como uno más de sus integrantes. Asume multifunciones: consultor, promotor, contable y enfermero capaz de testear la capacidad pulmonar, la temperatura y también el grado de glucemia de un trabajador.

El Robotdog cumple a la perfección las funciones de un perro guía. Aunque sin su cariño, lealtad y valentía, amplifica el catálogo de prestaciones para un invidente.

Los drones inteligentes superan las capacidades de conducción y control de un ser humano. Cada vez están más presentes y adquieren mayor relevancia en los conflictos bélicos, como se ha evidenciado en la guerra de Ucrania, amén de en tareas de reparto de mercancías. Sin dejar de lado la vigilancia sistemática a que nos someten en el espacio urbano.

En esta ruta expansiva de las tecnologías inteligentes parece insoslayable la hibridación entre humanos y máquinas; compartiendo y asumiendo estas últimas tareas seculares ejercidas por los humanos. Será una situación ignota que introducirá nuevos actores sociales con cambios legislativos y culturales de profundo calado ajenos a la ontología del ser humano.

La sociedad cautiva

La tecnologización del mundo sigue invariable en manos de actores tecnológicos y económicos que escapan al control democrático, pero que planifican cada uno de los estadios del nuevo *ethos* que rige nuestras sociedades. En las primeras semanas de 2023, cuando todavía no se había borrado la estela del ChatGPT, se aventuraban nuevas funcionalidades que lo harían tan imprescindible para un investigador como un asistente digital lo será para cualquier persona o núcleo familiar: «Imagine que está escribiendo un trabajo de investigación y quiere agregar algunos hechos históricos sobre la Segunda Guerra Mundial. Podría compartir un documento de 100 páginas con el *bot* y pedirle que resuma lo más destacado relacionado con un aspecto determinado de la guerra. Luego, el *bot* leerá el documento y generará un resumen para usted»[285]. Las búsquedas en Internet serán filtradas, documentadas y hasta reelaboradas, según solicitemos a un *chatbot* que, por el momento, nos cederá su autoría

---

[285] https://www.nytimes.com/2022/12/29/technology/personaltech/new-tech-2023-ai-chat-vr.html. (Última consulta: 09-01-2023).

288

en tanto no sea considerado persona electrónica. Así, gradualmente, la mayor parte de aplicaciones y dispositivos incorporarán la IA para mejorar considerablemente sus prestaciones.

Meta ha ralentizado su proyecto del metaverso a escala planetaria. Pero continúa potenciando sus redes sociales con la implantación de Thread que, en el verano de 2023, fue calificada por *The New York Times* como «el asesino de Twitter». Thread es un complemento de Instagram y hace posible mantener conversaciones en tiempo real. El éxito en sus primeros días de implantación fue abrumador, contabilizándose más de dos millones de usuarios. Según Adam Mosseri, director de Instagram, «la idea es, con suerte, construir un espacio abierto y amigable para las comunidades»[286]. La respuesta de Musk, sirviéndose de Twitter, no se hizo esperar: «Es infinitamente preferible ser atacado por extraños en Twitter que entregarse a la falsa felicidad de ocultar el dolor de Instagram»[287]. Poco después, reconvertiría Twitter en la marca X, quizá en una estrategia preconcebida desde el momento en que Zuckerberg planeó sin fortuna la hegemonía tecnológica con el metaverso. Ahora, Musk prosigue su estrategia comercial con el viento en popa de la IA que, además de aplicaciones específicas, articulará X.

---

[286] https://www.nytimes.com/2023/07/05/technology/threads-app-meta-twitter-killer.html?action=click&module=Well&pgtype=Homepage&section=Business. (Última consulta: 07-07-2023).
[287] *Idem.*

La empresa de Zuckerberg, por momentos, ha afrontado dificultades similares a las que impidieron a Second Life implantar el primer metaverso. La tibia acogida a sus cascos de realidad aumentada Quest Pro, superados por los más onerosos Visión Pro de Apple, que para Zuckerberg eran esenciales en su proyecto, concitan reservas sobre el ritmo de implantación e incluso la capacidad para materializar esta iniciativa. La deriva de la utilización de estos auriculares de realidad aumentada a los videojuegos da una idea del camino a recorrer hasta la consecución de los objetivos de Meta. Es posible que su concreción final se dilate más allá de los plazos que prevé Mark Zuckerberg, pero ya vivimos en un escorzo de metaverso. Vivimos en una realidad compuesta de pantallas en sucesión ininterrumpida que nos bombardean con contenidos que no asimilamos en su integridad y acentúan nuestra pérdida de atención y concentración; con una atracción que inhibe nuestro sentido crítico respecto a la realidad que nos envuelve. Es algo similar a lo que sucede con el *brown noise,* que se introduce sigilosamente en las redes y ya nos resulta familiar e indispensable. Este ruido marrón convoca la atención de millones de usuarios de internet y sus redes sociales. Es un confuso sonido que presenta todas las frecuencias audibles por el ser humano, con la especificidad de que las frecuencias bajas son reproducidas a un nivel más alto y las frecuencias altas a un nivel intermedio. Es útil para forzar la sumisión a las pantallas, crea la sensación de no encontrarnos solos, y dota de «confortabilidad» a la conexión ininterrumpida con los dispositivos.

Las redes sociales, tras el terremoto causado por Elon Musk en Twitter-X y las revelaciones sobre la apropiación y utilización de datos personales por parte de ByteDance, la matriz china de TikTok, experimentan un cambio ejemplificado por Mastodon o BeReal. Los periodistas han elegido Mastodon como sustituto y revulsivo de las magras experiencias vividas en Twitter. Esta red cuenta con cerca de 2000 miembros, entre reporteros y corresponsales. BeReal recrea una red social de principios del milenio con un grado de autenticidad mayor a lo que han deparado las redes en los últimos años. Para la periodista del *Times*, Sophie Haigney: «Puede ser atractivo, en este momento, volverse hacia adentro hacia lo personal y minucioso. Dada la constancia del desastre que nos rodea y las formas en que gritamos al respecto en línea, es posible que deseemos atender los momentos de normalidad. Incluso los aburridos»[288]. Las redes sociales, no debemos olvidarlo, son el banco de experimentación planetaria de las conductas de personas sometidas a variables diversas, y facilitan un mapeo completo sobre sus motivaciones, obsesiones y querencias; minería de alto valor para la algoritmización integral.

El algoritmo vigilante rastrea constantemente cada clic y contenido al que accedemos tabulando nuestro interés y predisponiéndonos para contenidos similares en un repositorio que se retroalimenta

---

[288] BeReal Captures Our Nostalgia for a Time When Social Media Was Boring - The New York Times (nytimes.com). (Última consulta: 09-01-2022).

constantemente, siempre con un reclamo final de índole comercial: «El poder de aceleración de la máquina está impulsado por el deseo de maximizar nuestra atención por razones económicas... La máquina que nos acompaña pondrá de relieve lo que nos vaya a exponer más a los resortes de la emoción, absorberá nuestro tiempo, nuestra concentración y, a fin de cuentas, una parte de nuestra vida»[289]. La multitarea, los chats y la realimentación constante que exige la pantalla inciden sobre la ontología del ser humano, modificando sus facultades de percepción y asimilación. La forma de concentrarse y el tiempo requerido estrechan sus márgenes. El periódico y el libro, pilares de la cultura escrita, experimentan en mayor grado la competencia irreductible de la cultura digital.

Se han realizado diversas investigaciones desde hace una década acerca de cómo puede variar la comprensión de textos lineales, narrativos y no narrativos, cuando se muestran en una pantalla o están registrados en papel. En un estudio realizado por investigadores[290] de la Universidad de Stavanjer (Noruega), publicado en la revista internacional de investigación educativa *Elsevier*, se concluye que «los estudiantes que leen textos impresos obtuvieron puntuaciones significativamente mejores en la prueba de comprensión lectora que los estudiantes que leen los textos

---

[289] Patino, Bruno. *Tempestad en la pecera*. Alianza Ensayo. Edición Kindle (2022). Pág. 71.
[290] Anne Mangen, Bente R. Walgermo y Kolbjørn Brønnick.

digitalmente»[291]. En este trabajo científico se pone de manifiesto la diferencia entre la imagen digital conformada electrónicamente por impulsos en la pantalla —por tanto, inmaterial—, y la hoja de papel de un libro o periódico impresa materialmente —con peso, textura y grosor—.

Las imágenes de una pantalla o *display* están sujetas a una tasa de refresco, a partir de 60 Hz, y una latencia por debajo de los 30 milisegundos. La tasa de refresco expresa la frecuencia con que cambian los píxeles para la formación de imágenes sucesivas; en tanto que la latencia es el tiempo de transición entre una imagen y otra. A todo ello hay que añadir la resolución, que es el número de píxeles que tiene la pantalla. Anne Mangen, una de las autoras del informe divulgado por la revista *Elseiver*, deduce que «en un soporte impreso se puede hojear rápidamente las páginas de texto con los dedos. Esta experiencia perceptible y directa te da un mapa mental de todo el texto. Para los textos electrónicos, esta experiencia física está casi ausente… El cerebro tiene una tarea más fácil cuando puedes tocar y ver diferentes partes del texto, revisar y comprender las relaciones y los contextos»[292].

---

[291] https://www.sciencedirect.com/science/article/abs/pii/ S0883035512001127. (Última consulta: 12-01-2023).
[292] *Idem.*

La afectación epigenética y las tecnologías de vigilancia

A los que hemos podido disfrutar el ejercicio de la docencia empatizando con nuestros alumnos, nos sorprenden las rutinas de los jóvenes estudiantes y sus dificultades para mantener la atención sobre un texto escrito o un discurso oral: siempre con el *smartphone* activo en sus manos y sustituyendo la comunicación hablada por un mensaje de texto de apenas unas líneas de sintaxis laxa. El profesor David M. Peña Guzmán, en la Universidad de San Francisco (EE. UU.), imparte un curso cuyo objetivo es alcanzar tres horas ininterrumpidas de lectura continua: «Todo el mundo mete el móvil en una bolsa, "la bolsa de la desesperación", con el fin de resistir a la tentación de las notificaciones. Los resultados fueron estimulantes, sin más. Más o menos la mitad de los alumnos consiguió, al cabo de un semestre, leer más de dos horas seguidas»[293]. Naturalmente, esto se traslada al pensamiento complejo y a la incapacidad de asimilarlo acompañada por un desinterés obvio.

El déficit de atención que genera y amplifica la utilización compulsiva de pantallas, con cortísimas visualizaciones y audiciones encadenadas, impacta poderosamente en la infancia y la adolescencia, con efectos remanentes en la edad adulta. Psicólogos y psiquiatras alertan recientemente de la modificación de la epigenética: alteraciones del ADN que no cambian su secuencia, pero sí pueden incidir sobre la respuesta

---

[293] *Idem.*

genética de un ser humano: «En términos generales, se puede comparar con los acentos de las palabras, donde el ADN es el lenguaje y las modificaciones son los acentos»[294]. Además, los cambios epigenéticos pueden ser heredados por individuos de sucesivas generaciones, llegando a afectar a su naturaleza. Manel Esteller, director del Programa de Epigenética y Biología del Cáncer del Instituto de Investigación Biomédica de Bellvitge (Barcelona), describe la evolución del epigenoma: «Hemos averiguado que [cada persona] tiene un epigenoma que cambia mucho desde el nacimiento hasta la adolescencia, se mantiene estable hasta llegar a los setenta años y, a partir de ahí, vuelve a cambiar; en este caso, degenera»[295]. Condiciones especiales en el hábitat y rutinas acompañadas de una presión psíquica permanente influyen sobre el epigenoma. Esto se puede dar en los trabajadores de una mina, que durante años ejercen sus rutinas en condiciones muy adversas, pero también entre quienes apenas retiran su mirada de una pantalla durante horas sin recompensa alguna.

Algo distinto y extremadamente importante sería la eventualidad de una mutación preadaptativa, que podría suponer la existencia de personas con habilidades genéticas innatas para los dispositivos digitales. Esto sucedería, según el doctor Miguel Pita, porque al «estar viviendo [estas personas] en un ambiente en el que sería una habilidad

---

[294] https://www.genome.gov/es/genetics-glossary/Epigenetica. (Última consulta: 07-09-2023).

[295] http://www.ub.edu/senesciencia/noticia/epigenetica-2/. (Última consulta: 07-09-2023).

útil, podrían tener más éxito y verse seleccionadas a favor. Empezarían a reproducirse más que los que no tienen las mismas habilidades, e irían poblando las generaciones sucesivas de pequeños habilidosos como ellos»[296].

El periodista Johann Hari, después de haber entrevistado a más de 250 expertos, cree que la quiebra de la atención coincide causalmente con la crisis de las democracias liberales. Estima que «*la gente que no es capaz de concentrarse es más proclive a sentirse atraída por soluciones autoritarias, simplistas, y es menos probable que se percate de qué no funciona*»[297]. Una derivada de lo suscrito por Hari guarda relación con lo que entendemos como «tecnologías de vigilancia» o «capitalismo de vigilancia», que se expande ante la indiferencia de ser espiados y controlados sistemáticamente por medios electrónicos. Más allá de la utilización de uno de estos dos sintagmas, en los regímenes autoritarios las tecnologías de vigilancia se imponen a los ciudadanos sin alternativa y con utilización fundamentalmente política para retroalimentar los resortes de un poder antidemocrático. En los regímenes de democracia liberal, como venimos insistiendo, se hurta a los ciudadanos elegir el modelo tecnológico sobre el que pivotan sus vidas. Y, aun con cobertura legal, también se ejerce un control que no deja resquicios. En España, organismos de Hacienda vigilan por

---

[296] Pita, Miguel. *Lo que la genética decide por ti*. Ariel (Barcelona, 2017). Pág. 89.

[297] Hari, Johann. *El valor de la atención*. Península. Edición Kindle (2023). Pág. 24.

geolocalización —Wi-Fi, GPS o Bluetooth— cada movimiento de un ciudadano y su tráfico en redes. Hacienda se ampara en la Ley del Impuesto sobre Determinados Servicios Digitales[298], que la faculta para esta intervención. Aunque el objeto de esta práctica es combatir el fraude y tasar los impuestos a las tecnológicas, lo cierto es que la ley no especifica el destino último de todos esos datos, ni mecanismo alguno para proteger nuestra intimidad.

William Burroughs no previó que la tecnología electrónica sería, en lugar de un arma liberadora, un instrumento de control personal y de dominio económico, algo de lo que sí alertó Herbert Marcuse, uno de los más lúcidos integrantes de la Escuela de Frankfurt: «Hoy, la dominación se perpetúa y se difunde no solo por medio de la tecnología sino como tecnología, y la última provee la gran legitimación del poder político en expansión, que absorbe todas las esferas de la cultura»[299].

En la realidad socio-tecnológica que hemos pretendido describir, los medios de comunicación pierden su finalidad histórica. Y se difuminan los valores del periodismo independiente que consolidan y fortalecen a las sociedades democráticas. Vivimos una realidad paralela, conformada sucesivamente por tecnologías que cada vez satisfacen en mayor grado los deseos de poder y control de los gobiernos. La IA

---

[298] https://www.boe.es/boe/dias/2020/10/16/pdfs/BOE-A-2020-12355.pdf. (Última consulta: 01-07-2023).

[299] Marcusse, Herbert. *El hombre unidimensional*. Editorial Planeta De Agostini (Barcelona ,1993). Pág. 186.

y los ordenadores cuánticos abrirán una fase histórica en la que la sociedad civil deberá reforzar sus mecanismos legales para contrarrestar un poder cuasi omnímodo.

CONCLUSIONES

Entonamos un réquiem por el periodismo que hemos conocido hasta ahora, consustancial a las sociedades democráticas y el progreso humano. La digitalización ha comportado la asunción acrítica de dispositivos que han modificado nuestros hábitos y percepciones. En una escalada ininterrumpida, han penetrado en hogares, fábricas, oficinas... y en las redacciones de los periódicos y demás medios hasta la eclosión de la IA. Primero se mostraban «inocentes y colaborativos»; saludamos al ordenador y su disco duro como a un «compañero» que prestaba su ayuda de forma valiosa y desinteresada. Pero décadas más tarde descubrimos que la IA un día podría sustituirnos en las redacciones como en cualquier espacio de la vida cotidiana. Y nos preguntamos que será del periodismo comprometido, de los epígonos de Albert Camus y del legado de los que dejaron sus vidas y mueren todavía hoy defendiendo los valores de la libertad con su palabra impresa o hablada.

Internet estaba llamada a ser la nueva Biblioteca de Alejandría, pero la red de redes pasó a convertirse en un zoco falaz en manos de plutócratas y desaprensivos. De ser un instrumento revolucionario que daba voz a los más desfavorecidos ha pasado a ser la plataforma de populistas de cualquier signo. Y un frente de guerra cultural, ideológica y de desinformación a la par de la que se libra en los despachos y los campos de batalla de nuestro declinante mundo. Los periódicos dejaron de ser hace tiempo el principal medio de información para la ciudadanía, y los informativos televisivos que recogieron el testimonio han de competir con los actores de las redes sociales, *influencers*, *youtubers* o *tuiteros* (X), relativizando lo que entendemos por credibilidad. El periodista ve devaluado su papel y pierde la autoridad y el prestigio de tiempos pasados.

La «smartphonización» de las sociedades ha encumbrado la mensajería y las redes sociales, primando el texto laxo y limitando la comunicación oral. En cualquier momento, lugar y circunstancia, el *smartphone* es nuestro apéndice en línea, que ha promovido la eclosión de las pantallas y la multitarea. Atención y asimilación sufren una regresión frente al libro y al periódico; en definitiva, respecto al papel impreso. Los *displays* proyectan imágenes inmateriales producidas por impulsos, con una determinada tasa de refresco y latencia, en tanto que el papel representa un soporte material susceptible de tener grabados caracteres e imágenes sin latencia alguna y perdurables.

Tecnologías de un profundo calado social son implementadas con una aceleración que enmascara su impacto real y nos aboca a asumirlas como algo contingente. Así hemos recibido a los *chatbots* GPT; antes impúdicamente cedimos nuestra privacidad, y las tecnologías de vigilancia invaden nuestras vidas. La extensión de la IA informa de una realidad virtual sustitutiva que compartiremos en un futuro no demasiado lejano integrando el metaverso. Se trata de un complejo proyecto de ingeniería neuronal protagonizado por los *chatbots*, con desarrollos tecnológicos avanzados que intentan mimetizar y superar al cerebro humano. Conseguido este objetivo, la hibridación de las personas con las «máquinas» quizás abra una etapa final para nuestra especie y nos aboque al transhumanismo.

La implantación de la nueva generación de *chatbots* tendrá altos costes de energía y, por tanto, de huella de carbono. Los minerales de tierras raras, de extracción difícil y contaminante, serán esenciales; de igual modo que satisfacer un potencial eléctrico que excederá en mucho el que consumen los dispositivos actuales. Esto conllevará el rediseño de la red eléctrica general con un elevado peaje económico. La expansión de las energías renovables no es suficiente; el hidrógeno verde, el biometano o los sumidores transformadores de carbono en energías limpias forman parte de la alternativa. Pero no son por separado la solución y solo la fusión nuclear emerge como una opción eficaz a largo plazo.

No rechazamos la IA, muy al contrario. Han sido los avances científicos y tecnológicos los que han empoderado al ser humano y coadyuvado a su emancipación y progreso. La IA es decisiva ya en el tratamiento del cáncer y de diversas enfermedades metabólicas; incluso cabe prever que alargará nuestra esperanza de vida. No obstante, creemos esencial que, en el horizonte de la hipertecnologización integral del primer mundo, la ciudadanía se exprese y sea escuchada por los gobiernos y las corporaciones. Estamos lejos de una protopía donde la tecnología pueda modularse conforme a la voluntad general y el bien común, puesto que la orientación y las consecuencias de la IA y el resto de las tecnologías están ausentes del debate social y político. La UE marca avances en protección jurídica y condiciones para el desarrollo de la IA, pero deben materializarse funcionalmente.

La finitud de recursos del planeta y su agotamiento es una constatación irrefutable que alienta a los magnates tecnológicos a buscar otros horizontes en el cosmos para refundar nuestra especie. Obvian que 1300 millones de pobres, que apenas pueden comer una vez al día, malviven en la Tierra sin alternativa.

Collbató, 27 de septiembre de 2023.

BIBLIOGRAFÍA

AETHELMAN, G. C., Pinturas *rupestres, lectura, significado e historia.* Almuzara (Madrid, 2019).

ANCONA, Matthew. *Postverdad. La nueva guerra contra la verdad y cómo combatirla.* Alianza Editorial (Madrid, 2019).

ARENDT, Hannah. *La condició humana.* Empúries (Barcelona, 2009).

BALSEBRE, Armand. *El lenguaje radiofónico.* Cátedra (Madrid, 2007).

BALSEBRE, Armand; FONTOVA, Rosario. *Las cartas de la Pirenaica: memoria del antifranquismo.* Cátedra (Madrid, 2014).

BALSEBRE, Armand; VIDAL, Antoni. *Darwin en el desván: progreso, sumisión tecnológica y medios de comunicación.* Cátedra (Madrid, 2021).

BARTHES, Roland. *El grado cero de la escritura.* Siglo XXI Editores (México, 1997).

BERNELI, Carmelo. *Humanismo y anarquismo.* Los libros de la catarata (Madrid, 1998).

BLAIR, Ann. *Information. A Historial Companion.* Princeton University Press (Nueva Jersey, 2022).

BOSTROM, Nick. *Superinteligencia.* Teell Editorial, S. L. (Barcelona, 2016).

BURROUGHS, William S. *La Revolución Electrónica*. Caja Negra Editora (Buenos Aires, 2013).

CAMUS, Albert. *El hombre rebelde*. Penguin Random House España (Barcelona, 2021).

CAMUS, Albert. *La noche de la verdad*. Penguin Random House (Barcelona, 2021).

CHARAUDEAU, Patrick. *El discurso de la información*. Gedisa S. A. (Barcelona, 2003).

CLARKE, Arthur C. *Perfiles del futuro*. Caralt (Barcelona, 1977).

CLINE, Ernest. *Ready Player One*. Penguin Random House (Barcelona, 2012).

FERRARA, Silvia. *La gran invención*. Anagrama (Barcelona, 2023).

FIRTH-GODBEHERE, Richard. *Homo emoticus*. Penguin Random House (Barcelona, 2022).

FREUD, Sigmund. *Nuevas aportaciones al psicoanálisis. Obras completas*. Biblioteca Nueva (Madrid, 1968).

GARDNER, Howard. *Inteligencias múltiples*. Paidós (Barcelona, 2019).

HARI, Johann. *El valor de la atención*. Península (Barcelona, 2023).

HEIDEGGER, Martin. *Conferencias y artículos*. Ediciones del Serval (Barcelona, 2005).

KANT, Immanuel. *Fundamentación de la metafísica de las costumbres*. Espasa Calpe (Madrid, 1994).

MAGNUS ENZENSBERGER, Hans. *El gentil monstruo de Bruselas o Europa bajo tutela (Argumentos)*. Anagrama (Barcelona, 2011).

MARCUSSE, Herbert. *El hombre unidimensional*. Planeta De Agostini (Barcelona, 1993).

MARINA, José Antonio. *El deseo interminable*. Ariel (Barcelona, 2022).

MARTÍNEZ-CONDE, Susana. *Los engaños de la mente*. Destino (Barcelona, 2010).

O'NEIL, Cathy. *Armas de destrucción matemática*. Capitán Swing (Madrid, 2017).

ORWELL, George. *Homenaje a Cataluña*. Penguin Random House (Barcelona, 2021).

PALMER y COLTON. *Historia contemporánea*. Akal (Madrid, 1971).

PEÑA, José. *Historia de las telecomunicaciones*. Ariel (Barcelona, 2003).

PATINO, Bruno, *Tempestad en la pecera*. Alanza (Madrid, 2022).

PHILIPS, Peter. *Megacapitalistas*. Roca Editorial (Barcelona, 2019).

PITA, Miguel. *Lo que la genética decide por ti*. Ariel (Barcelona, 2017).

RICARTE, José M. *Creatividad y comunicación persuasiva*. Aldea Global (Barcelona, 1999).

TRANTER, Mike. *Un millón de preguntas para un neurocientífico: Descubriendo el cerebro*. R. R. Bowker (Nueva Jersey, 2021).

VANCE, Ashlee. *Elon Musk (HUELLAS)*. Península (Barcelona, 2028).

WILD, Jordi. *Así es la puta vida*. Penguin Random House (Barcelona, 2022).

WILLIAMS, Francis. Las *telecomunicaciones y la prensa*. UNESCO (París, 1957).

WOLFE, Tom. *El nuevo periodismo*. Anagrama (Barcelona, 1976).

ÍNDICE ONOMÁSTICO